映画は戦争を凝視する

村瀬 広

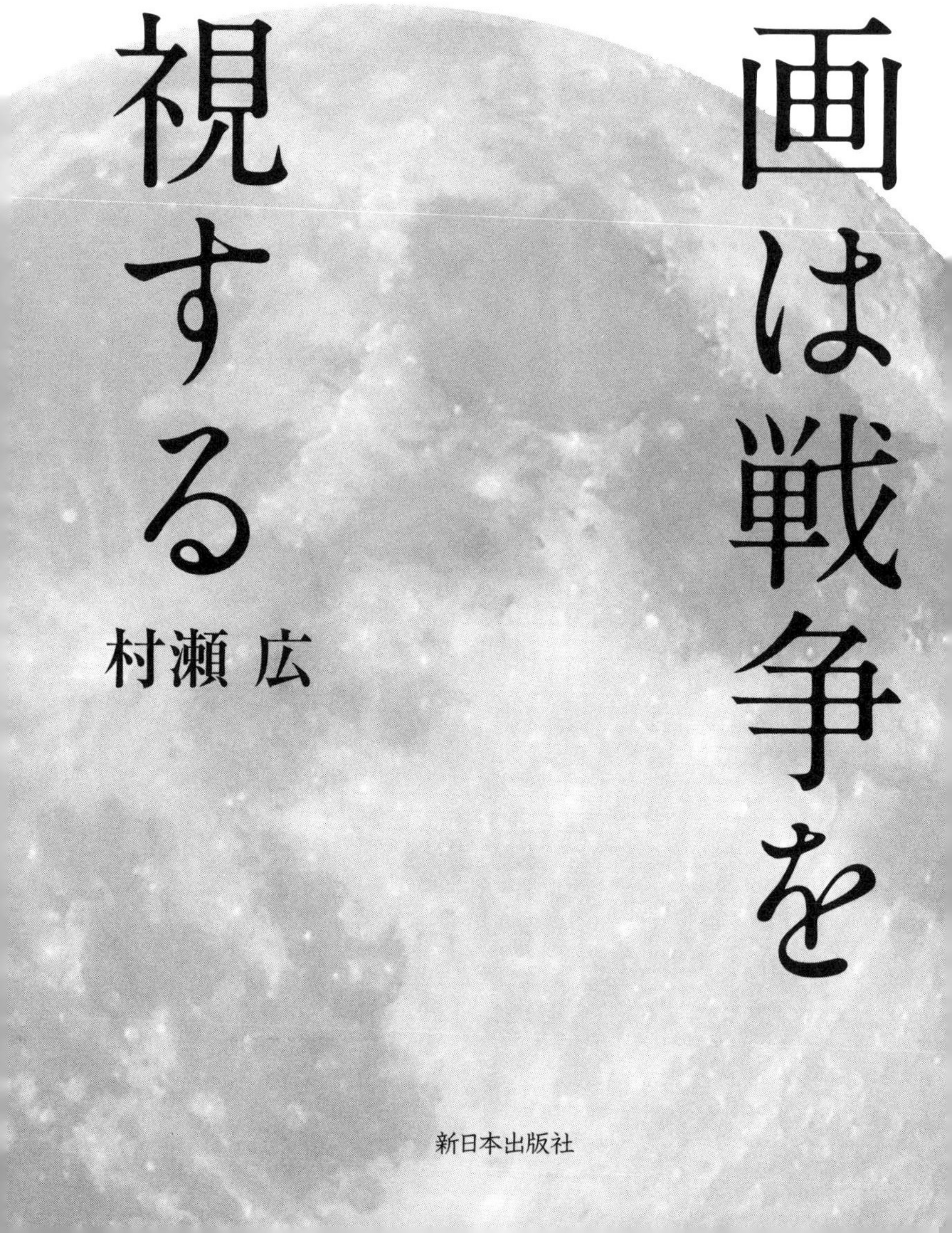

新日本出版社

はじめに――〝戦争と映画〟または〝映画と戦争〟

戦争と映画の関係は深い。ナチスの戦争プロパガンダ映画などが代表的だが、戦争指導層は映画や映像を利用して国民意識を操作した。戦意高揚のための国策映画も各国で制作された。また、戦争が始まってからも終わった後も、戦争の矛盾や悲劇を描いた映画が数多く制作された。それら戦争にまつわる名作・話題作の代表的なものとして、次のような作品が思い浮かんでくる。

洋画では「戦艦ポチョムキン」「西部戦線異状なし」「カサブランカ」「アラビアのロレンス」「独裁者」「灰とダイヤモンド」「ジョニーは戦場へ行った」「禁じられた遊び」「無防備都市」「武器よさらば」「誓いの休暇」「ひまわり」「かくも長き不在」「ラストエンペラー」「大脱走」「戦場にかける橋」「白バラは死なず」「パリは燃えているか」「スターリングラード」「僕の村は戦場だった」「ブリキの太鼓」「ソフィーの選択」「地獄の黙示録」「無人の野」「ミツバチのささやき」「サン・ロレンツォの夜」「紅いコーリャン」「シン・レッド・ライン」など。邦画では「戦ふ兵隊」「人間の条件」「野火」「ひめゆりの塔」「長崎の鐘」「日本戦歿《せんぼつ》学生の手記　きけ、わだつみの声」「私は貝になりたい」「黒い雨」「ビルマの竪琴」などである。

これらの名作・話題作は、被害を全国民に及ぼした近代戦争である第一次世界大戦と第二次世界大戦に関連したものが多い。第二次世界大戦後は朝鮮戦争やベトナム戦争、カンボジア内戦、ルワンダ紛争、湾岸戦争、アフガン戦争、イラク戦争なども映画に描かれている。中には戦争肯定思想に立脚した戦争郷愁、戦意高揚の映画も少なくない。娯楽本位の戦争アクションものもある。しかし、大部分の映画では戦争によって社会や家族、個人が受けた過酷、理不尽な悲劇、不幸、物理的・精神的苦痛が描かれている。

過去最大規模の戦争であった第二次世界大戦に関連しては数多くの映画が制作されたが、戦後七十年余を経てなお新たな資料の発掘や証言が相次いでおり、とくにホロコーストや対独レジスタンス関連の映画は毎年のように新たな視点から制作、公開されている。

「シンドラーのリスト」や「コルチャック先生」「プライベート・ライアン」のように、周知の史実をリアルに映像化した作品もあるが、本書で扱っている「縞模様のパジャマの少年」や「黄色い星の子供たち」「やがて来たる者へ」「ふたつの名前を持つ少年」のように戦争やホロコーストに巻き込まれ、生死に直面する被害を受けた子どもたちが主体の作品もある。「ソハの地下水道」「あの日あの時　愛の記憶」「カティンの森」なども埋もれていた事実の映画化である。

「消えた声が、その名を呼ぶ」もタブーの歴史的悲劇とされてきたアルメニア人虐殺を初めて映画化した作品である。一〇〇年前の出来事だが、今日にも尾を引いており、二〇一六年六月にドイツ議会が虐殺の事実を認めたのに対し、トルコが反発して大使を召還したことは記憶に新しい。トルコEU加盟の桎梏《しっこく》となっている歴史的事実でもある。

加害者であったために、被害の客観的な調査や復興が遅れたドイツ都市のひとつであるドレスデンの壮絶な被災を描いた「ドレスデン、運命の日」、ナチスの迫害を逃れてアフリカに移住したユダヤ系ドイツ人家族を描いた「名もなきアフリカの地で」、ナチスに利用されたベルリン・フィルを多面的に描いた「帝国オーケストラ」もそうした埋もれがちな事実を掘り起こした例といえる。ブラジル移民の大多数が日本の敗戦を認めず、日系人同士の対立や殺傷事件まで引き起こしたことは、「汚《けが》れた心」が公開されるまで、歴史の闇に葬られていた。日本の台湾植民地統治の隠された事件を描いた「セデック・バレの真実」も同様である。

そして、今また靖国問題である。小泉・安倍内閣の閣僚を含む多数の国会議員の靖国神社参拝が毎年のように繰り返され、中国や韓国の批判を呼び、外交問題となっている。中国の李纓《リイン》監督は二〇〇七年の「靖国 YASUKUNI」で、靖国問題とは何か、中国や韓国との歴史認識のギャップの本質は何か、解決されていない戦争処理、戦争責任とは何か、について考え、答えを出すことによって映画は完成するとコメントしていた。

これは、呉子牛《ウーツーニウ》監督の「南京1937」とも通底している。この二作品からは貴重なメッセージが送られているが、日本の政治風景はあまり変わっていない。しかし、これらの問題や課題を含め、戦争の記憶を風化させないことが重要であることは変わらない。映像メディアの代表である映画がそのための貴重な役割を果たしていることも間違いない。

最近とくに目立つのは、ナチスの犯罪や強制収容所に関連した新たな視点からの映画である。「パリよ、永遠に」はパリがヒトラーの命令で破壊寸前だったことをあらためて教え、「顔のないヒトラーたち」はドイツ国民が困難を乗り越えて自らを裁き、戦争責任と歴史認識を共有したことを検証している。「灰の記憶」も最近の「サウルの息子」と同様に収容所の〝実働部隊〟だった専属ユダヤ人労働者（ゾンダーコマンド）の隠れた実態に迫っている。


このように今日もなお戦争の知られざる事実や暗部に光を当てて、連綿と制作されている映画によって、わたしたちは戦争の隠れた本質や細部を知ることができる。そして、戦争を反省、捉え直し、平和を再認識することができる。

本書で取り上げた五五本の映画はここ二十年余の間に制作公開されたものであり、文字通り現代の映画である。毎年、数百本の映画が公開されている中では、ほんの一部の映画でしかない。しかし、戦争にまつわるそれらの映画が発信しているさまざまな情報とメッセージは、私たちが戦争と平和について考え、戦争や紛争のない平和な世界をどう構築していくかの手がかりを与えてくれるだろう。

とりわけ今日、集団的自衛権行使の容認や安全保障関連法の成立、沖縄米軍基地建設、武器輸出の解禁、防衛装備庁の発足、先端科学の軍事動員など、戦争前夜を想起させるような事態が進行していることを考えると、映画に学ぶ必要性はより高まっていると思われる。

本書は月刊『地方財務』（ぎょうせい刊）に二十数年来、連載の「映画の窓から」より、戦争に関連する作品をピックアップして編集したものである。執筆、掲載した時期が内容に反映されているので、末尾に掲載年月を記している。本書への収録を承諾された『地方財務』編集部と、写真使用にご協力くださった配給・宣伝会社、ＤＶＤ製作・販売各社に厚くお礼を申し上げたい。さらに執筆に関しては、関係新聞雑誌記事や配給会社のプレス用資料などに助けられている。関係各位に感謝したい。

思い起こせば、映画研究・映画評論の指導を映画評論家の故・山田和夫先生に仰いだのは三〇年以上も前になる。山田先生は映画評論を通じて精力的に反戦平和活動を展開され、エイゼンシュテイン研究でも先駆的な優れた業績を残された。本書は一本一本の作品が語る戦争の本質と矛盾に焦点を当てた小著だが、恩師・山田先生と、同じく三〇年来の映画サークル「シネマニア」の仲間に捧げたいと思う。最後に出版事情の厳しい折、企画を受け入れてくださった新日本出版社と実務を担当された角田真己氏に感謝申し上げます。

※各作品ごとに紹介したＤＶＤなどの販売情報は本書刊行時のものです。

目次

第１章　９・11テロ以降の戦争と映画

「ユナイテッド93」9・11テロ犠牲者の勇気と名誉

ポール・グリーングラス監督　二〇〇六年　アメリカ　一一一分

四機目の現実

映画で9・11を扱った作品はいくつかある。本作品同様、ユナイテッド九三便を描いた作品も二つある。あの日、ハイジャックされたのは、ボストン発ロサンゼルス行きのアメリカン一一便とユナイテッド一七五便、ワシントン発ロサンゼルス行きのアメリカン七七便、そしてニューアーク発サンフランシスコ行きのユナイテッド九三便の四機だった。

そして、テレビ映像の記憶も生々しい世界貿易センタービル北棟に激突したのが、アメリカン一一便、午前八時四六分。南棟に激突したのが、ユナイテッド一七五便、九時三分。ワシントンのペンタゴンに激突したのが、アメリカン七七便、九時三七分だった。

四機目のユナイテッド九三便は滑走路の混雑で、四一分遅れて八時四二分に離陸している。平和な機内が突然ハイジャックされたのは、九時二五分頃だ。テロリストたちの目標に激突した三機とユナイテッド九三便の違いは、ハイジャックされた後に家族に電話した乗客が、世界貿易センタービルへの自爆テロ攻撃を知ったことである。情報は次々と乗客に伝えられ、彼らは自分たちの運命を察知せざるを得なかった。

監督のいうように、彼らこそ、9・11以降の世界に生きた最初の人たちだった。テロリストの意図を封じ、地上に生還するために彼らはどのような行動に出たのか。監督は9・11特別調査班のリポートと遺族からの情報を元に精密なシナリオを作成し、想像で細部を埋めていった。いわゆるドキュドラマ（ドキュメンタリー＋ドラマ）の手法である。

機内で何が起こったのか

映画はハイジャックされた飛行機とボストン管制センター、連邦航空局など緊迫した地上の対応シーンを交互に見せながら進行している。ボストン管制センターはアメリカン一一便の異変を察知し、その情報はニューヨーク州防空指令センターに伝えられる。次いでユナイテッド一七五便が通信不能になる。二機が貿易センタービルに激突したことが明らかになり、地上は大混乱に陥る。

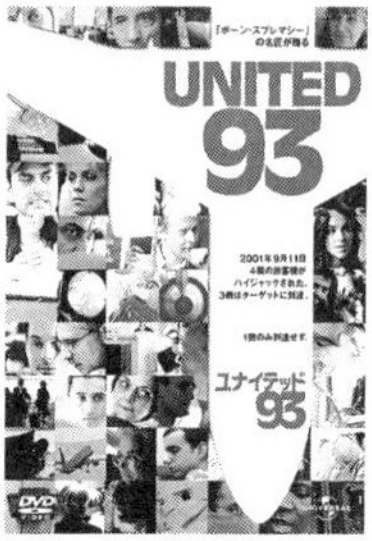

『ユナイテッド93』好評発売中
DVD一四二九円＋税
ブルーレイ一八八六円＋税
発売元：NBCユニバーサル・エンターテイメント

連邦航空局は被害の拡大を防ぐために、アメリカの上空を飛んでいた約四五〇〇の航空機を一斉に着陸させ、外国からの飛来を拒否する緊急措置をとった。他方のユナイテッド九三便では、朝食が出され、乗客がくつろいでいるときに突然、四人のテロリストがハイジャックを実行、機長と副操縦士を殺害して、コックピットを占拠し、目標地ワシントンに向かおうとしていた。

乗客と乗務員たちは事態の深刻さを理解するに及び、ひそかに団結して食器や消火器などを武器に、ナイフと腰に巻いた爆発物で威嚇するテロリストに反撃して、コックピットを奪い返そうとする。乗客の中にはプロペラ機だが操縦士の経験を持つ男性もいた。一縷《いちる》の希望があったのだ。ようやく抵抗する二人を取り押さえ、コックピットのドアを破って、操縦桿《かん》を取り戻そうともみ合う。

しかし、そのときには地上が迫っており、機体を上昇させることができなかった。そして、一〇時三分、ユナイテッド九三便はペンシルベニア州シャンクスヴィルに墜落、乗客・乗務員四〇名全員の貴重な生命が失われた。首都ワシントン中枢部の攻撃を阻止した彼らの勇気ある行動の大きな代償だった。

犠牲者への敬意と事実の確認

この映画は四〇名の遺族・友人に理解を求め、協力とインタビューを重ねて作られた。一人ひとりのキャリアや性格、仕事の情報が演じる俳優に伝えられ、彼らの勇気ある行動に名誉を与え、記憶に残したいという遺族の願いに応えようとした。その姿勢は映画製作中も貫かれ、遺族の中には本作品を「われわれの映画」と呼ぶ人もいたという。

乗客には帰国しようとしていた日本人学生もいて、彼の母親は息子が短い命ながらその生を十分に全うしたと信じ、息子のためにも、この映画を観てもらい、二度とあのような出来事が起こらないように心から願っているとのメッセージを寄せている。

映画はテロリストの苦悩にも触れており、ステレオタイプの映画ではない。自爆テロやアメリカの外交政策を直接的に批判もしていない。しかし、現実に起きた悲惨な出来事をできるだけ事実に即して再現することで、反ブッシュの映像となっていることは間違いない。当日、全米の航空管制施設へ指令を出した連邦航空局のベン・スライニーが自身の役で出演しているように、映画の九割は事実そのものである。乗務員経験者の俳優も起用する一方で、有名俳優は使わないというリアリティへのこだわりは特筆される。

（二〇〇六年一一月）

「告発のとき」

兵士のPTSDを追う

ポール・ハギス監督　二〇〇七年　アメリカ　一二一分

イラク戦争をめぐる実際にあった事件を素材に「クラッシュ」のポール・ハギス監督が脚本を書き、映画化した作品。イラク戦争が市民生活に落とす悲劇や影は、「大いなる陰謀」や「さよなら。いつかわかること」などにも描かれていたが、この作品は軍から失踪《しつそう》した息子を探す過程で、戦争や軍隊の底知れない矛盾が浮かび上がる構造となっている。

ニューメキシコ州らしい地方都市に住む元軍人警官ハンク・ディアフィールド（トミー・リー・ジョーンズ）のところへイラクから帰還したはずの息子マイクが失踪したという報せが届く。軍人一家に育ったマイクが無許可離隊をするとは信じられないハンクは、元軍人警官のキャリアと捜査技術を駆使し、事件の真相を追う。

同じ隊の仲間もマイクの行方を知らないといい、ハンクは地元警察の女性刑事エミリー・サンダース（シャーリーズ・セロン）に捜査を要請する。間もなく、マイクの焼死体が発見されるが、その現場が軍の管轄内で警察の捜査が及ばなくなる。しかし、殺害現場は軍の管轄外であることが分かり、ハンクとエミリーは少しずつ真実に迫っていく。

そして、明らかになった事実は驚愕《きようがく》的で絶望的なものだった。マイクを殺害したのは戦友たちだった。それだけではなく、マイクがイラク戦争のなかで、精神を病み、捕虜虐待を繰り返していたことも明らかになった。かつてハンクが経験した規律ある軍隊や強い絆《きずな》で結ばれた戦友という前提はあっけなく崩れ、ハンクの価値観は揺らぎ出す。

以上のあらすじは、雑誌『PLAYBOY』二〇〇四年五月号に掲載された、この事件に関するマーク・ボールのルポ「死と不名誉」にほぼ忠実なものとなっている。この事件の裁判は終わっているが、証言の信憑《しんぴょう》性をはじめ、謎は多く残されているという。映画はハンクが発見していく恐るべき事実の数々から、現代アメリカ社会が抱える病巣を明らかにしている。

二〇〇六年までにイラクとアフガニスタンに従軍した兵士の一〇～一五パーセント、一万三〇〇〇人から二万人がPTSD（心的外傷後ストレス障害）と診断されたという調査結果がある。軍の発表では、兵士の自殺者は二〇〇六年だけで一〇二人、自殺未遂は二一〇〇件以上で、それらの数はイラク戦争以降、増

©2006 Elah Finance V.O.F.

『告発のとき』好評発売中
DVD三八〇〇円＋税
発売・販売元：ポニーキャニオン

加し続けている。

もちろん戦死者も増加している。映画では長男のデヴィッドも戦死している。母親のジョアン（スーザン・サランドン）は息子たちを軍人に育てて、結局戦死させたハンクに涙ながら抗議する。この映画のテーマは、「戦争は確実に人間を壊し」「一度戦争を始めたら、大きな代償を払わなければならない」というシリアスな命題と重なっている。

愛すべき心優しいマイクが、仲間に「ドク」というニックネームで呼ばれており、その理由が捕虜の傷口に手を突っ込んで苦しめるという一見医療行為に見える拷問の常習者だったことを知ったハンクはショックを受ける。そして、電話で家に帰りたいと訴えていたマイクからのＳＯＳを重く受け止めなかったことを後悔する。

ハンクが秘かに持ち帰ったマイクの焼けた携帯電話から再生された動画ファイルには、子どもの映像が映っていた。武装ジープは止まると標的になるので、目の前に子どもがいても止まることができない。やむなくその子どもを轢《ひ》き殺した直後から、マイクの心は壊れ、「ドク」になってしまったのである。

子どもたちに捧げた映画

映画は「子供たちに捧ぐ」という字幕で終わっている。この子どもたちには、マイクとその兄などイラクやアフガニスタンで戦死、負傷した若い兵士や、ＰＴＳＤと診断された帰還兵などのほかに、イラクやアフガニスタンで戦争の犠牲になっている多くの子どもたちも入ることは間違いない。アメリカが世界各地で戦争を続ける限り、アメリカの子どもたちにも戦地の子どもたちにも未来はないという明確なメッセージである。

一〇代でまだ自我も確立していない若者が戦場に送られる。自らを守るために一般市民を巻き添えにせざるを得ず、それが日常化するにつれて、暴力や殺人に慣れ、通常の人間性を失っていく。映画の素材となった事件の兵士も一九歳で陸軍に入隊していた。

映画の原題は「エラの谷」であり、旧約聖書のダビデの逸話からとられている。怪獣ゴリアテと戦わせるために王は幼い少年ダビデを選ぶ。ダビデの前には何人もの少年が犠牲になっている。勝ち目のない戦いに若者を送り出す責任を問う原題で、イラク戦争に例えられていることは明白である。

二〇〇〇年代半ばまでアメリカではイラク戦争に疑問を抱くのは非愛国的とみなされた。この映画が企画されたときがそうだった。そうした難局を切り抜け、スリルとサスペンスにあふれた良心的作品にこぎつけた監督の技量は評価される。監督は反戦ではなく、アメリカの気にかかる今を描いたといっている。

（二〇〇八年一〇月）

「リダクテッド」

イラク戦争の情報コントロール

ブライアン・デ・パルマ監督　二〇〇七年　アメリカ・カナダ　九〇分

リダクテッドとは、編集済みないし削除編集を意味する。戦争報道などで真実が隠されて報道される場合が典型例といえる。アメリカは、ベトナム戦争のときの各種報道が広範な反戦運動を引き起こしたことから、湾岸戦争以降の戦争では徹底的な報道管制をしいて情報操作し、戦争反対に結びつくような情報は流さないようにしている。

イラク戦争でもその手法がとられたが、誰もが携帯電話やビデオカメラを持つ時代であり、兵士個人が撮った多数の写真や映像がネットで一気に広がり、戦争の赤裸々な実態が世界に露見する例が相次いだ。政府のリダクテッドにも限界があったのである。

ブライアン・デ・パルマ監督は、一九八九年の「カジュアリティーズ」でベトナム戦争の惨劇と惨状を描き、戦争の無意味さを訴えた。しかし、イラク戦争でベトナム戦争の反省がまったく生かされず、同じようなことが繰り返されている現実に接して、戦争を告発するドキュメンタリー作品を作ろうとした。

しかし、著作権やプライバシーに関する種々の規制から、それを断念し、事実に即して役者が演技する擬似ドキュメンタリーの手法をとらざるを得なかった。兵士のビデオ日誌やフランス、アラブのＴＶニュース、基地や検問所の監視カメラ、アメリカと武装派集団のウェブサイト、兵士や妻たちのブログなど、ネット上のさまざまなメディアから得られた映像情報を駆使して作品を構成したという設定になっている。

監督は映画製作のプロセスを観客に確認してもらうために、冒頭で、「本作品は二〇〇六年にサマラで起きたレイプ殺人事件に基づき、その前後を想像したフィクションの記録である」と断わり書きを入れている。

©2007 HDNet Films LLC

戦場で何が起きたか

二〇〇六年四月のイラク、サマラの米軍駐留地。兵舎のなかでメキシコ系のサラサールが仲間たちにビデオを向けている。彼はまだ一九歳で、いずれこのビデオを活かしてカリフォルニアにある大学の映画学部に入る夢をもっているのだ。そのためにこんな遠くまでやってきたが、任務地は検問所なので、戦闘シーンなど

『リダクテッド 真実の価値』好評発売中
DVD三八〇〇円＋税
発売元：NBCユニバーサル・エンターテイメント

が撮れないことを残念に思っている。

しかし、検問所でも事件は起きる。減速の指示にかかわらず、猛スピードで走ってきた一台のクルマに仲間のフレークが発砲する。しかし、そのクルマはテロでも何でもなく、病院へ急ぐ妊婦と家族を乗せたクルマだった。妊婦は死亡し、家族は悲嘆に暮れる。

この二年間、検問所で殺されたイラク人二〇〇〇人のうち、敵と認定されたのは、六〇人だけだったという説明も入る。兵士たちの会話で、減速や一時停止の指示の多くは英語で書かれ、現地人は英語がほとんど読めない、しかし、指示に従わなかった場合に攻撃するのは正当な戦闘行為だと強弁される。発砲したフレークは、ハリケーン「カトリーナ」の被害地域の出身、暴力的な性格で故郷にいれば死ぬか刑務所に行くしか選択肢がなかったので、仕方なく入隊したという。

このフレークを主犯に惨劇が起こる。通学のため、検問所を毎日通る姉妹に目をつけていたフレークたちは、ある夜、姉妹の家に押し入る。弁護士で知性もあるマッコイはそれを止めることができなかった。

そして、その報復で犯罪には加担していなかったサラサールが誘拐され、斬首のうえ放置される悲劇が生まれる。ここで軍当局は調査をし、フレークたちを問い詰めるが、徹底的な追及はなされない。マッコイだけが良心の呵責《かしゃく》に苛《さいな》まれる。

真実を知る権利と義務

検問所の兵士たちは、暑さのなか、五五キロの装備で、自爆テロや狙撃の格好の標的となる緊張と退屈で、極端な心理的抑圧状態にあるといわれる。映画でも三度目のイラク派遣任務中の黒人指揮官がサッカーボールに仕掛けられた爆弾で即死している。

だからといって罪のない少女の輪姦殺人が合理化されることはあり得ない。監督は事件がアメリカであまり報道されていない背景に、軍検閲など政府によるマスメディアのコントロールを痛感するという。そのために、ベトナム戦争のときと類似の悲劇が繰り返されている。

無名の俳優たちを起用してリアルな映像を再現し、真実に迫っている。国民には真実を知る権利と義務があるという使命感にもとづいた勇気ある作品である。

（二〇〇九年二月）

「ハート・ロッカー」

爆発物処理班兵士の精神風景

キャスリン・ビグロー監督　二〇〇八年　アメリカ　一三一分

死亡率は五倍

キャスリン・ビグロー監督のインディペンデント低予算戦争映画「ハート・ロッカー」が、元・夫のジェームズ・キャメロン監督のSF超大作「アバター」を抑えて第八二回アカデミー賞作品賞・監督賞に輝いたのは驚きだった。女性監督の映画が監督賞・作品賞を受賞したのも初めてである。

イラク戦争を描いた映画は少なくないが、この映画は、ひたすら爆発物を処理する兵士たちを描いている。ゲリラとの戦闘シーンもあるが、テロリストらが地面や瓦礫《がれき》に隠した即席爆発物や不審車などが発見されると、他の兵士を後方に退かせ、危険物を無力化する処理作業に焦点を当てている。

こうした専門的な兵士の存在は一般に知られていなく、主役を演じたジェレミー・レナーも脚本を読むまで知らなかったという。世間の目には触れないが重要で危険な任務を活写したことが、評価されたと考えられる。

爆発物処理班の技術兵は適性検査で選別され、厳しい訓練を経て戦地に赴くが、死亡率は他の軍人の五倍といわれる。タイトルの The Hurt Locker は「行きたくない場所／棺桶」を意味する兵隊用語である。

二〇〇四年夏バグダッド

映画は二〇〇四年夏バグダッド、ブラボー中隊の班長トンプソン軍曹が爆弾処理の後、予期せぬ出来事による誤爆で爆死するシーンで始まる。注意したにもかかわらず現地人の一人が携帯電話を使用したからだ。

トンプソン軍曹に代わって赴任してきたウィリアム・ジェームズ二等軍曹（ジェレミー・レナー）は、八七三個の爆弾を処理してきたプロだが、チームワークを無視するので、サンボーン軍曹（アンソニー・マッキー）としばしば対立する。しかし、ジェームズは意に介さず、危険な爆発物処理に突き進んでいく。中隊には

『【おトク値!】ハート・ロッカー』発売中
DVD一八〇〇円+税
ブルーレイ二五〇〇円+税
発売元：ブロードメディア・スタジオ
販売元：ポニーキャニオン

あと一人、若い技術兵のエルドリッジ（ブライアン・ジェラティ）がいる。

ジェームズは地中に埋め込まれた多数の爆弾や国連施設の入口付近に違法駐車された車の中の無数の爆弾を処理する。サンボーンが護衛し、エルドリッジがアシストする。三人は砂漠地帯での任務を終えて帰る途中、捕虜を護送中の米軍請負人たちを助けようとして、テロリストとの銃撃戦に巻き込まれる。サンボーンがライフルで狙撃し、ジェームズは双眼鏡をのぞいてサポート、エルドリッジも的確な射撃をする。窮地を切り抜けた三人の間にようやく信頼関係が芽生える。

画面には「ブラボー中隊、任務明けまで16日」などのテロップが入る。ジェームズが参加したのは、あと三八日というときだった。残り二日となった日に事件が発生する。意に反して体に爆弾を巻かれた男を救おうとするが、爆弾が厳重にロックされていて、どうにも解除できず、時間はもう二分しかない。ジェームズはどうするのか。

映画が描かなかったこと

ジェームズは死と紙一重の危険をものともせず、爆発物処理作業に従事する。そこに生きがいと居場所を感じ、ブラボー中隊の任務を終えて家庭に戻っても平穏な幸福には満足できない。映画の最後で彼は再び防爆服に身を包み、新たな部隊の「任務明けまで３６５日」を開始する。

その目は生き生きしており、映画冒頭のピューリッツァー賞受賞のジャーナリスト、クリス・ヘッジスの言葉「戦いの高揚感はしばしば致命的な中毒となる。戦争は麻薬だから」に符合するようだ。そうするとジェームズは危険任務を恐れないヒーローなのか、戦争依存症に陥った兵士ロボットなのかという疑問に突き当たる。同時にジェームズたちを見つめるバグダッド市民の冷ややかな視線も気になる。

果たして米軍自体がバグダッドなどで意味のある存在になっているのだろうか。アメリカそのものが戦争依存国家になっていて、世界各国へ派兵し、戦争し、映画に出てくる戦争請負人（レイフ・ファインズが友情出演）のような官民一体のシステムが構築されていて、戦争がアメリカという大国のエネルギーの中核にあることを教える。

もちろん、ジェームズの妻や幼い子どものように、戦争には無縁で関心もない多くの市民がいることは事実である。映画はそれらの人々にマーク・ボールが兵士たちを現地取材した脚本で戦場の緊張感を追体験させた。反イスラムでも反戦でもない戦場のリアリティが説得性を得たのである。

しかし、それがイラク戦争をめぐる問題群をどれだけ正確に伝えているか。「リダクテッド」や「告発のとき」は、イラク戦争の負の側面をついていたために興行的に不調だったとすれば、この映画で描かれなかったことが重要となる。

（二〇一〇年五月）

「メッセンジャー」

戦死通告官と遺族のドラマ

オーレン・ムーヴァーマン監督　二〇〇九年　アメリカ　一一二分

イラク戦争で戦死した兵士の遺族に第一報を伝える任務の通告官〝メッセンジャー〟が主人公の映画である。戦争シーンはないが、戦争の悲惨さがじわじわと伝わってくる。

〝メッセンジャー〟の仕事は誰にでもできるわけではない。告知を受けた遺族はさまざまな反応を見せる。当惑し、怒りと悲しみを露わに、国家や戦争自体よりも現に生きている〝メッセンジャー〟を非難、攻撃し、罵声《ばせい》を浴びせることもある。

だから、任務遂行の正確さと同時に対応の冷静さも備え、人格的、精神的に安定した兵士でなければ任命されない。その任務に新たに就いたのは、イラク戦争で負傷して帰国したウィル・モンゴメリー軍曹（ベン・フォスター）である。彼は上官のトニー・ストーン大佐（ウディ・ハレルソン）とコンビでこの仕事を行うことになる。

〝メッセンジャー〟の任務には、絶対的なルールがある。「告知は身元確認から二四時間内」「告げる相手は両親、配偶者など最近親者だけ」「告知の時間は六時から二二時」「最近親者には決してボディタッチしない」の四原則である。

報道される前に告知しなければならない。留守だからといって隣人に伝言を頼んだりしてはいけない。同情の余り、妻や両親の手を握ったり、ハグしてはいけない。家から少し離れたところでクルマを降りて、歩いて訪問しなければならないなど、ルールや気遣いが多い。

ウィルは細かな失敗を繰り返す。その都度、自分がこの任務に不適格ではないかと悩む。それを経験豊富なトニーが慰め、アドバイスする。実はウィル自身、視覚障害に悩まされているが、それはイラク戦争で反米武装勢力が多用したＩＥＤ戦術（即製の強力な爆発装置）による後遺症＝外傷性脳損傷の可能性があった。

『メッセンジャー』好評発売中
ＤＶＤ三八〇〇円＋税
発売・販売元：アミューズソフト

ウィルの苦悩と再生

ウィルは未亡人のオリヴィア（サマンサ・モートン）が気になる。庭で洗濯物を干していた彼女は、困惑しながらも夫の戦死を受け入れる。ウィルは少しでも力になりたいと思い、彼女の家を訪れるうちに彼女に惹かれ、タブーを犯してときどき会うようになる。忠告していたトニーもいつかふたりを見守るようになる。

人生の目的や生きる意味を失いかけていたウィルは、オリヴィアとの出会いをきっかけに徐々に心の平穏と希望を取り戻していく。地方都市の地味な暮らしのなかで、二つの魂が寄り添い、雲の切れ目から陽が差すような温もりが生まれる。

この映画は、これまでの戦争映画では取り上げられることがなかった戦死通告官を主人公にした点で注目されるが、テーマはウィルの再生にある。彼は戦争の後遺症で人生の待合室か踊り場に止まり、人生自体から逃避することも考えていたが、トニーとオリヴィアのヘルプによって本来の自分を取り戻すことができたのである。

タブーである戦死通告官と未亡人の恋愛に敢えて踏み込むことで、ストーリーを膨らませている。

戦争の大義と個人

この映画で考えさせられるのは、戦争の大義と個人ということである。戦争がどのような「大義」で行われるかとは関係なく、戦争の犠牲は確実に個人とその家族を襲う。戦死した兵士の家族はもちろん、帰還した兵士もＰＴＳＤなどの後遺症に襲われる。長期にわたる従軍は、九八パーセントの兵士に精神的障害を及ぼすといわれる。

前線に送られる兵士の多くが貧困層やマイノリティの若者であることも、トニーとウィルの任務から浮き彫りにされている。戦争はつねに個人や家族を巻き込んで行われていることが、映画の背景になっている。民主主義や平和のためといった戦争の大義が時に空虚に響くのは、個人的な犠牲との間の埋め切れない断層のためである。

イラク戦争では四五〇〇人以上の米軍兵士が戦死している。イラク戦争は終わったことになっているが、イラクから帰還した兵士の〝戦争〟は終わっていない。ウィルのような帰還兵は多い。退役軍人とその家族も同様である。しかし、なお悲惨なのは、イラクの民間人が一三万人も犠牲になっていることである。

この映画にはその視点はないが、個人や家族の側から、戦争の悲惨さと空しさを静かに告発している点で評価される。米軍兵士の犠牲を少なくするために、無人攻撃機を多用するよりは戦争自体を回避する外交政策が求められることはいうまでもない。

受賞はしなかったが、この映画は第八二回アカデミー賞で助演男優賞と脚本賞にノミネートされている。監督デビュー作だが、脚本家の実績があるオーレン監督の力量を物語る。

映画のアイデアは脚本を担当したアレッサンドロ・キャモンによっている。軍隊経験のあるオーレン監督がそれに共鳴して企画が進行した。

（二〇一三年七月）

「ゼロ・ダーク・サーティ」ビンラディン殺害の真相

キャスリン・ビグロー監督　二〇一二年　アメリカ　一五八分

二〇一一年五月一日夜（日本時間二日）にオサマ・ビンラディンをパキスタンの首都イスラマバード郊外で殺害し、遺体を収容したというオバマ大統領の緊急声明は一瞬のうちに世界を駆けめぐった。ビンラディン捜索に関する別の企画の映画化を進めていたビグロー監督は、急遽《きゆうきよ》、テーマを変更し、ビンラディン殺害に至る真相の取材を開始、わずかの期間で映画を完成した。

周知のようにオサマ・ビンラディンは一九九三年のニューヨークの世界貿易センター爆破事件や一九九八年のケニア・タンザニアのアメリカ大使館同時爆破事件、そして二〇〇一年の9・11アメリカ同時多発テロに関与したと見られ、ブッシュ政権、オバマ政権あげての捜索が続けられてきた。一時はアフガニスタンの山岳部トラボラの洞窟に潜んでいるとの情報があり、アメリカ軍が襲撃したが失敗した。ビグロー監督の別の企画とはこの事件をめぐるものだった。

監督と脚本のマーク・ボールは、精力的に取材と調査を行った。ボールはワシントンへ飛び、数ヶ月間にわたってCIA職員など関係者へのインタビューを重ねた。最終的には事件に関わったほとんどすべての人々の経験談を元に脚本を書くことができた。

その過程で、存在はまったく報じられていないが、ビンラディンの居場所を突き止めたCIA職員チームの中心に若い女性の情報分析官がいたことが明らかになった。監督は「ハート・ロッカー」では男性の視点からテロ戦争を描いたが、今回は女性の立場から描くことにした。それが、マヤ分析官（ジェシカ・チャスティン）である。

ＣＩＡの必死の捜索と巨額の予算投入にもかかわらず、ビンラディンの行方の手がかりが見つけられなかった二〇〇三年、パキスタン・イスラマバードのＣＩＡ秘密施設にマヤ分析官が着任する。捕虜を拷問にかけていたチームのリーダー、ダニエルは、彼女のことを若すぎないかと不安に思うが、ブラッドリー支局長は「ああ見えて、冷酷だそうだ」と答える。

彼女は膨大な量の情報と映像を分析し、ポーランドへ飛び、ビンラディンとアルカイダ№3のアブ・ファラジの連絡員とされる男〈アブ・アフメド〉を確認する。しかし、本名も居場所も分からず、難航する。その間にロンドンで地下鉄・バス爆破事件が起き、ダニエルも挫折して本部へ帰る。マヤとチームメ

『ゼロ・ダーク・サーティ
スペシャル・プライス』好評発売中
ＤＶＤ二二〇〇円＋税
発売元：ギャガ

ートのジェシカ（ジェニファー・イーリー）は食事に出かけたマリオット・ホテルで爆破テロ事件に遭遇する。

捕虜の虐待が非難を浴びて、オバマ大統領が拷問撤廃を発表し、捕虜の尋問から情報を得る道が制限される。手詰まり状態の中で、アルカイダ幹部のヨルダンの医師バラウィが大金と引き換えなら裏切るという情報が入り、ジェシカたちがアフガニスタンのCIA基地で待機する。しかし、それは罠《わな》だった。バラウィの自爆テロでジェシカはじめCIA局員七名が即死する。二〇〇九年一二月三〇日のことだ。

マヤは絶望を乗り越え、狂ったかと思われるほど仕事に執念を燃やす。そして、アブ・アフメドの本名を発見し、母親宅の電話番号を入手、盗聴を始める。危険地域でマヤの情熱に動かされて、アブ・アフメドを追っていたラリーのチームがついに、イスラマバード郊外、アボッターバードの豪邸を突き止める。

CIA本部で報告会議が開かれ、無人偵察機による画像解析や情報確認が行われるが、証拠はあがらない。写真撮影もDNA採取も失敗に終わる。確たる証拠がなければ、ホワイトハウスは動かない。発見から一二九日が過ぎ、マヤの気迫に押されたCIA長官は大統領への直訴を決める。ビンラディン潜伏の確率を聞かれ、チームの大半は六〇パーセントと答えるが、マヤは一〇〇パーセントと言い切る。

突入作戦の実行部隊は、ネイビー・シールズの精鋭部隊デブグルーで、使用するヘリは表向きには存在しないステルス型のブラックホークプリンス二機である。

事実であることの違和感

この映画は綿密な調査、取材でほぼ事実に即した内容とされる。監督は出来事をありのままに伝える責任があると感じたといっている。軍関係や諜報機関など機密機関の人間関係も精緻《せいち》に描かれている。アボッターバードの豪邸は公開情報と設計図を元にヨルダンに完全再現して撮影に使用している。リアリズムにこだわり、芸達者な無名の役者を大量に起用し、ドキュメンタリー作品と錯覚させるほどである。

しかし、ビンラディン捜索の正当性は別にして、アメリカが他国でこのような諜報活動や軍事行動をしていることへの違和感は否定できない。アボッターバードへの侵入とビンラディンの殺害、遺体の搬送は、パキスタン政府との間にどのような了解があったにしても、主権侵害には相違ない。この映画は〝国家の闇〟の真実を伝えることで観る人に判断を委ねている。少なくとも他のサスペンスやハードボイルド作品と同列には論じられない重さがある。

（二〇一三年八月）

「アメリカン・スナイパー」アメリカ兵にとってのイラク戦争

クリント・イーストウッド監督　二〇一四年　アメリカ　一三二分

伝説の英雄、クリス・カイル

クリス・カイル（一九七四～二〇一三年）の半生を描いた作品である。彼は公式記録としてはアメリカ軍史上最多の一六〇人を射殺した伝説のスナイパー（狙撃兵）である。彼はテキサスに生まれ、幼少時から父親に銃の手ほどきを受けた。カウボーイになるのが夢でロデオの名手でもあった。一九九六年にネイビー・シールズ（海軍特殊部隊）への入隊を志願するが、ロデオの負傷が完治していなかったため却下された。

一九九八年のケニア・米大使館爆破事件をテレビで見て、あらためて入隊を志願、過酷な訓練を経て翌一九九九年に入隊を許可された。二〇〇一年の9・11同時多発テロ事件で世界貿易センタービルが崩れ落ちるのをやはりテレビで見て、イラク出征を申し出る。出征は四度に及んだ。四度目の戦地で、ネイビー・シールズの要請で開発された三三八ラプア・マグナム弾による射距離一九二〇メートルの狙撃を成功させ、その評判は全国に広がった。

二〇〇九年に名誉除隊した後、民間軍事会社を設立。二〇一二年には回顧録『ネイビー・シールズ最強の狙撃手』を上梓し、それによって得た資金などでＰＴＳＤに悩む帰還兵を援助するＮＰＯ団体を立ち上げた。しかし、翌二〇一三年に、リハビリの面倒をみていたＰＴＳＤの若い元海兵隊員に射撃場で射殺される悲運に見舞われた。映画のラストでは、ニュース映像を交えて、国民的な弔意と葬儀の模様が描かれている。

クリスの仕事とモチベーション

スナイパーは通常の兵士とは異質の仕事に従事する。危険な任務を負うネイビー・シールズの軍事行動をカバーし、犠牲者を出さないように援護する仕事である。行動中の味方を襲おうとする敵を狙撃して排除する。そのため、高い位置で見晴らしがきき、同時に敵に発見されない絶妙のポジションを確保し、何時間も同じ姿勢で待機する。仕事が済めば、次の場所に機敏に移動する。

映画の冒頭、建物の屋上で腹這いになって銃を構えているクリス（ブラッドリー・クーパー）の照準器に米軍戦車に近づいてくる少年と母親が見えてくる。撃つか撃たないかぎりぎりの判断に迫られる。二人が爆発物を用意していることが分かった瞬間、決断が下される。映画はそのままクリスの少年時代、青春の日々に移り、標的の死と背中合わせのようなクリスの半生を映し出していく。

クリスは厳しい父親から、「人間には、羊、狼、番

犬の三種類がある。お前は番犬になれ」と教えられる。弱い者、同胞を守ることがクリスのDNAのようになっていく。ケニア・米大使館爆破事件や9・11同時多発テロで犠牲になった同胞への感情がネイビー・シールズやイラク戦争志願への動機になり、戦地では「仲間の命を救うこと」が最高のモチベーションになっている。

イラク戦争の大義名分や正当性などは考慮の外で、イラク人は野蛮人であり、殺すことに躊躇することはない。彼にとっての優先順位は、「神、国家、家族」であり、妻のタヤ（シエナ・ミラー）がどのように引き留めても、彼は戦場へ戻っていく。家庭に帰っていても心は戦場にある。タヤは悲しむが、クリスは自分が行かなければ仲間が死ぬか、別の人が同じような重荷を背負って銃を撃つしかないと思っている。

アメリカサイドの戦争観

クリス・カイルを通して戦争の矛盾や悲惨さは伝わってくる。帰国しても戦場と家庭や地域生活とのギャップが大き過ぎて、違和感を覚える。スナイパーの仕事は特殊なので、経験や感情を共有できる兵士はほとんどいない。照準器を通して否応なく、死の瞬間の相手の表情や血しぶきを目撃し、トラウマになりかねない。アメリカにとっての正義や大義を固く信じ、強い愛国心を持ちつづけなければ、任務の遂行はできない。

それでもテロを強制されたのかも知れない女性や子どもまで撃たなければならないクリス自身、

PTSDに苛《さいな》まれていく。それが母国で待つ妻や幼子との関係にも反映していく。

監督のクリント・イーストウッドは個人的にはイラク戦争に賛成できなかったという。しかし、戦争は映画の究極の素材と認識しており、長距離狙撃の天才であるクリス・カイルに興味があった。映画のシナリオが完成して間もなく、クリスは殺されたが、タヤの要請もあり、正しいクリス像を映画化することを心がけたという。

この映画には、西部劇のテイストやメンタリティも忍び込んでいる。クリスのライバルとして妻子あるシリア人の元オリンピック射撃選手のムスタファが登場し、二人の対決は西部劇的エンタテインメント効果をもたらしている。この映画がきっかけでイラク戦争論議が高まったが、監督は一方の立場に偏しているわけではない。しかし、クリスが体現する戦争のリアリティを追求する中で、アメリカサイドの戦争観が前面に出ていることは否定できない。

（二〇一五年五月）

「ドローン・オブ・ウォー」無人戦闘機の実態と矛盾

アンドリュー・ニコル監督　二〇一四年　アメリカ　一〇四分

多数の民間人を犠牲に

オバマ政権がアルカイダ幹部殺害など、無人戦闘機ドローンを使った秘密作戦をアフガニスタンやイラク、リビア、パキスタン、イエメンなどで展開してきたことは周知のことだ。政権発足後、非戦闘地域での無人機攻撃は数百件に上り、ブッシュ政権時をはるかに上回っている。無人機攻撃は米兵の犠牲を伴わないが、現地の多数の民間人を犠牲にしている。パキスタン外務省は、アメリカの無人機攻撃を主権侵害、国際法違反と批判しているが、アメリカは続行の方針を曲げていない。

もう一つの問題は、無人機作戦の実行主体が交戦法規に従って行動する米軍ではなく、CIAであることだ。そのため透明性が低く、責任の明確化も難しい。このように多くの問題があるにもかかわらず、通常兵器化している無人戦闘機ドローンであるが、実態は謎に包まれている。

まず、ドローンはどこで操作されているのか。映画では、ラスベガスの空軍基地に設置されたコンテナ内のオペレーションルームでパイロット経験のある兵士が遠隔操作し、一万キロも離れた中近東でのミッションを遂行している。エアコンが利いた室内でのデスクワークである。

画面に映し出された目標地域・ターゲットを観察し、攻撃のタイミングを測る。攻撃し、土埃《つちぼこり》が収まった後に、死体を数えて、〝成果〟を確認し、報告する。多少の民間人の犠牲は織り込み済みである。通常の爆撃よりも遥かに誤爆は少ないとされる。一回目の攻撃で救助に現われた兵士や市民を狙って二回目の攻撃を加えることもある。

ターゲットはドローンに設置されたカメラによって鮮明に捉えられ、この〝神の目〟というか〝悪魔の目〟がドローンの本質を物語っている。

トミー（イーサン・ホーク）は、紛争地域におけるテロリストの監視や爆撃、味方の地上部隊の支援に携わるアメリカ空軍の軍事パイロットだが、仕事場はコンテナ内のオペレーションルームである。任務が終わると、きらびやかなラスベガスの歓楽街を抜けて、妻子が待つマイホームに帰る毎日だ。

かつて有人戦闘機F16に乗り、二〇〇〇回以上出撃した経験を持つトミーは、今の仕事に違和感を覚えている。彼は現場復帰を希望するが、彼のドローン操縦能力を評価する上司は異動願

『ドローン・オブ・ウォー』好評発売中
DVD三八〇〇円＋税
ブルーレイ四七〇〇円＋税
発売元：ブロードメディア・スタジオ
販売元：ポニーキャニオン

いを受け入れてくれない。

ドローンでは、ミサイル発射指令から着弾まで七秒のタイムラグがある。その間に子どもや無関係な民間人が近づくと、彼らを巻き添えにしてしまうことがある。アルカイダ幹部を殺害し、その葬儀に別の幹部が現われる情報を得ると、葬儀の参列者全体を攻撃して殺戮《さつりく》する。こうしたことは日常茶飯事だ。

あるときチーム全員がＣＩＡの対テロ特殊作戦に参加することになるが、ＣＩＡ指揮官は女性や子どもを含む大勢の民間人が行き交う場所への爆撃を指示する。ミサイル誘導レーザー照射を担当する新人の女性空軍兵は「これは戦争犯罪ではないのか？」と反発する。

立場上、ＣＩＡ指揮官の命令に従わざるを得ないトミーは、ストレスがつのり、アルコール依存と極度の不眠症になる。日頃から家庭をかえりみない夫の態度に不満を抱いている妻のモリー（ジャニュアリー・ジョーンズ）との間にも決定的な不和が生まれる。

国民は守られているか

ドローンはロボット兵士と並ぶ究極の兵器である。戦闘地域に行かず、母国の安全な場所から遠方の敵に的確な攻撃をヒットさせることができる。「アメリカ人の命を守る」ことが大義名分である。ガンの手術でグレー部分も摘出するように、疑わしい場合には子どもや女性など大勢の民間人も犠牲にされる。

無差別爆撃ではなく、正確な標的殺害だから巻き添え被害は最小限で済むといわれるが、果たしてそうだろうか。攻撃はつねに過剰に行われているのではないか。そのために、多くのドローン作戦に関わる兵士がPTSDに悩まされている。トミーもその一人である。

ドローン操縦士は他の兵員から評価されていない。ドローン操縦士への叙勲が抗議を受け、撤回されたことがあるという。ロボット兵士の操縦士も同様と思われる。科学・技術を駆使した現代の戦争は、袋小路に入ってしまっているのだ。

二〇一二年にアメリカ・スタンフォード大学やニューヨーク大学の研究機関がパキスタンにおけるドローンの犠牲者家族や目撃者、政府関係者などにインタビューした結果では、①一般市民が負傷し、殺害されている、②一般市民の日常生活に被害をもたらしている、③アメリカがより安全になったとする証拠はあいまいである、④「法の支配」「国際法」による保護が軽視されている、などと指摘、批判されている。

二〇一〇年時点の事実を背景にしたこの映画は、ドローンの使用倫理のみならず、科学・技術がもたらす現代戦争の深い闇を物語っている。

（二〇一五年一〇月）

第2章　子どもを襲う戦争

「縞模様のパジャマの少年」子どもは強制収容所に何を見たか

マーク・ハーマン監督　二〇〇八年　イギリス・アメリカ　九五分

ナチスによるユダヤ人大量虐殺（ホロコースト）、強制収容所やワルシャワ・ゲットーは繰り返し映画に描かれてきた。近年でもスピルバーグ「シンドラーのリスト」（一九九三年）やアンジェイ・ワイダ「コルチャック先生」（一九九〇年）、ティム・ブレイク・ネルソン「灰の記憶」（二〇〇一年）、ロマン・ポランスキー「戦場のピアニスト」（二〇〇二年）、シュテファン・ルツォヴィツキー「ヒトラーの贋札」（二〇〇六年）など枚挙に暇がない。

その描き方も多様だ。描く角度は違っても、多くはリアルに描写している。ロベルト・ベニーニ監督・主演の「ライフ・イズ・ビューティフル」（一九九八年）は異色で、ユーモアと哀感を基調に戯画化しながら強制収容所の悲劇と絶望を表現していた。子どもが登場する戦争映画も多いが、本作品のように子どもの視点からホロコーストを描いた映画は少ない。子どもは本能的な恐怖を抱いても、事態を客観的に理解することは難しく、無垢ないし無知のまま否応なく巻き込まれていく被害者として描かれるのがほとんどである。

ところで、戦争指導層や軍人、関係者を除く一般のドイツ国民はどれくらいホロコーストや強制収容所を知っていたのだろうか。あるいは、知らされていたのだろうか。本作品はこの疑問に対する答えも垣間見せている。何も知らずに戦後を迎えたドイツ人が多かったことも事実である。同時に、知っていても〝国策〟の前に沈黙した人も少なくなかった。

人類史上類を見ないナチスの犯罪は忘れ去られることはなく、ベルンハルト・シュリンクの小説『朗読者』のように、戦後何年たっても関連した作品がベストセラーになり、映画化されている（「愛を読むひと」二〇〇八年）。本作品の原作も、アイルランド人の作家ジョン・ボインの同名ベストセラーである。

ナチス高官の息子ブルーノ

第二次大戦時代のベルリン。八歳の少年ブルーノ（エイサ・バターフィールド）は遊び盛り、友だちと戦闘機ごっこをしては街を走り回っている。その日はナチス将校である父（デヴィッド・シューリス）の昇進パーティの日だった。大勢の人に祝福される軍服姿の父をブルーノは誇らしく思う。そして一家は遠く離れた農村に引っ越していく。ブルーノの部屋から不思議な建物が見えた。同時に縞模様のパジャマを着た多数の人々も見えた。そういえば台所でジャガイモの皮むきをしている初老の男も縞模様のパジ

第二次大戦下のドイツ――
フェンス越しに生まれた禁じられた友情。
縞模様のパジャマの少年

公開時のチラシ

『縞模様のパジャマの少年』好評発売中（DVD）

ヤマだ。

優しい母（ヴェラ・ファーミガ）も詳しくは知らない。所長になった夫がどんな仕事をしているか具体的には知らない。国家の重要な任務に就いているという夫の説明に立ち入ることはしない。しかし、農場と聞かされていた施設から異臭を放つ煙が漂ってきたとき、夫の部下が不用意な言葉を漏らしたため、ユダヤ人の強制収容所であることを知ってしまう。そのときから、彼女の心から平和と平穏が消えていく。

一方、探検癖のあるブルーノは、監視の目をくぐり、屋敷を抜け出して〝農場〟を囲う金網のフェンスまでたどり着く。そこで縞模様のパジャマを着た少年シュムエル（ジャック・スキャンロン）に会う。同じ年の二人は友だちになり、ブルーノは空腹なシュムエルのために食物を運び、フェンス越しにゲームをする。ブルーノにとってシュムエルという名前は初めてであり、シュムエルがユダヤ人と聞いてもそれ以上の想像力は働かない。パジャマの囚人番号さえ何かのゲームのためとしか考えられない。シュムエル自身も置かれた環境をよく理解はしていない。

今日につながる問題提起

そして悲劇は突然やってくる。シュムエルの父が行方不明になったと聞いて、ブルーノはいっしょに探してやることにする。シャベルでフェンスの下を掘り、シュムエルが持ってきた縞模様のパジャマ＝囚人服を着る。そして、シュムエルの父を探して歩き回る。

優しい父と美しい母と姉に囲まれたブルーノの平和な家庭は、強制収容所の現実が明らかになるにつれて、少しずつ壊れていく。極秘の任務も完全には隠し切れない。しかし、ブルーノだけは、ナチスのプロパガンダ映画を見て、単純に洗脳され、父への信頼感を深めていく。フェンス越しの友情は悲劇を招くが、子どもゆえの無垢と無知による。

それは残虐な職務を計画、執行しながら、家庭では善良な父親たろうとした父と、夫の防波堤になり、子どもたちを真実から遠ざけようとした母の受けた報いともいえる。真実から目を背けてはいけないという原作小説とこの映画のテーマをうかがうことができる。

「ハリー・ポッター」シリーズも手がけたプロデューサーのデイヴィッド・ヘイマンは、テーマのデリケートさから映画化を迷ったが、踏み切るに際しては、細部のリアリティにこだわった。人種偏見や権威と服従、大衆操作、家族関係、そして何よりも戦争の狂気と悲劇が映画の中に凝縮されており、今日につながる問題を提起している。

（二〇〇九年一一月）

「黄色い星の子供たち」フランスのユダヤ人迫害と子どもたち

ローズ・ボッシュ監督　二〇一〇年　フランス・ドイツ・ハンガリー　一二六分

ナチスのユダヤ人迫害は、国内だけでなく、ポーランドやハンガリー、チェコ、オランダ、ベルギー、ギリシャ、イタリアなど各国に及んだが、隣国フランスも例外ではなかった。当時、ナチスの支配下にあり、親独のヴィシー政権が成立していたフランスでは、ナチスの要求に応える形で、ユダヤ人迫害がエスカレートしていった。

ユダヤ人や反体制派は国民にあらざる者として、社会から排除された。反ユダヤ立法が次々と成立し、ユダヤ人は公職や公共施設から追放され、職業制限や住民票登録を義務づけられた。この住民票が一斉検挙のデータとなった。

当時、フランスには約三〇万人のユダヤ人が住んでいた。そのうち、四七パーセントはフランス国籍を持ったユダヤ人で、五三パーセントが外国籍だった。外国籍のユダヤ人の多くは東欧からの移民である。ユダヤ人社会の中核はパリにあり（一九四〇年一〇月で一五万人）、それぞれの社会的地位と出身地方を反映した多数のコミュニティが形成されていた。

フランス国籍のユダヤ人はフランス文化に同化し、あるいは脱ユダヤ教化しており、外国籍ユダヤ人との間には深い溝があったといわれる。パリで初めてユダヤ人が一斉検挙されたのは、一九四一年五月一四日、パリ一一区の三七四七人で、東欧などから当時移住してきたユダヤ人が多かった地区である。

当初、フランス国籍のユダヤ人は検挙されなかったが、一九四一年一二月の三度目の検挙はフランス国籍のユダヤ人だった（七四三人）。こうして、ユダヤ人迫害はエスカレートし、一九四二年には、絶滅収容所への移送が始まり、六歳以上のユダヤ人は衣服の胸に黄色い星をつけることが義務づけられた。

LA RAFLE ©2010 LEGENDE LEGENDE FILMS GAUMONT LEGENDE DES SIECLES TF1 FILMS PRODUCTION FRANCE 3 CINEMA SMTS KS2 CINEMA ALVA FILMS EOS ENTERTAINMENT EUROFILM BIS

この映画で描かれたヴェル・ディヴ事件は外国籍ユダヤ人が多かった一八区で起こっている。一九四二年七月一六日から一七日にかけて、ユダヤ人約一万三〇〇〇人が一斉検挙された事件である。そのうち子どものいない約五〇〇〇人はパリ近郊のドランシー収容所へ、家族約八〇〇〇人がヴェル・ディヴ（冬季競輪場）に移送され、その後収容所に送られた事件である。

『黄色い星の子供たち』好評発売中
DVD三八〇〇円＋税
発売元：アルバトロス株式会社

検挙された約一万三〇〇〇人のなかで生存者は二五人しかおらず、四〇五一人の子どもたちは誰も生還していない。ナチス占領下の四年間でフランスから追放、移送されたユダヤ人は七万六〇〇〇人に及んでいる。こうしたフランス政府による一連のユダヤ人迫害は、一九九五年に当時のシラク大統領が認めるまで、半世紀もの間、闇に葬られていたのである。

パリの下町モンマルトルで元気に遊び回っている一一歳の少年ジョー（ユーゴ・ルヴェルデ）。父母や近隣のユダヤ人家族と平和に暮らしていたが、ドイツ兵が威張り、公園や映画館、遊園地からユダヤ人が締め出されていることに怒っている。シモンとその幼い弟ノノが遊び仲間だ。

貧しくても平和な彼らの生活は、一九四二年七月一六日の午前四時に永遠に破壊される。女も子どもも、否応なしにバスに乗せられ、ヴェル・ディヴへ移送された。食料も水もトイレも不足した酷暑の競輪場に、八〇〇〇人が詰め込まれ、病人や発狂する者が相次いだ。

医者は三人しかいなかった。その一人が自身も検挙されたユダヤ人医師ダヴィッド・シェインバウム（ジャン・レノ）で献身的な努力をするが焼け石に水だ。赤十字から派遣された新人看護師アネット・モノ（メラニー・ロラン）も、惨状に押しつぶされながら、子どもたちの面倒をみる。

ジョーたちは五日後、ボーヌ＝ラ＝ロランド収容所に移送された。ダヴィッドもアネットも同行する。そこも不潔で食料も乏しく、みな栄養失調状態になる。アネットは必死に知事に改善を求め、食料の配給を受け、食事とダンスを楽しんだが、それが最後の美しい思い出だった。

収容所からアウシュヴィッツなどの絶滅収容所への移送が始まる。運命を察知したジョーの母親は、ジョーへ逃げて生きるように叫ぶ。ジョーはそれに応え、有刺鉄線をくぐり抜け、必死に走る。

子どもたちの命を愛おしむ

この映画はドキュメンタリーではないが、フィクションでもない。監督が調査と研究で確認された事実を積み上げて、脚本を書き、五年がかりで制作したものだからだ。生存している人たちにも連絡をとり、インタビューした。中でも、ジョー（正式名ジョゼフ・ヴァイスマン）を発見したことが大きかった。アネットも実在の女性だが、一九九五年に亡くなっている。

ナチスのユダヤ人迫害を当時のフランスの傀儡《かいらい》政権との関係で浮き彫りにした点は注目される。それ以上に、犠牲になった多くの人々、とくに子どもたちの命を映画の中でよみがえらせたいという問題意識は特筆される。収容所から帰ってこられなかった子どもたちの視点である。困難な状況下で一万人のユダヤ人を匿《かくま》った勇気あるパリ市民にも映画が捧げられている。（二〇一一年一〇月）

「命をつなぐバイオリン」ユダヤ人の子どもたちへの鎮魂歌

マルクス・O・ローゼンミュラー監督　二〇一一年　ドイツ　一〇〇分

ウクライナの神童

一九四一年、ソ連邦下のウクライナのポルタヴァが舞台。そこに二人のユダヤ人音楽天才児がいた。ともに一二歳の少年バイオリニスト、アブラーシャ・カプラン（エリン・コレフ）と少女ピアニスト、ラリッサ・ブロッツキー（イーモゲン・ブレル）である。二人はソ連各地を演奏旅行し、スターリンや党の幹部の前でも演奏を披露したこともあり、神童（Wunderkinder：映画の原題）と絶賛されていた。すでにアメリカ・ツアーが決定され、カーネギー・ホールでの演奏も予定されていた。

ポルタヴァにはドイツ人も住んでいた。ドイツ人の醸造業者マックス・ライヒの娘ハンナは、二人の演奏に感激し、裕福な父に頼んで二人の先生であるピアノ教師イリーナ・サロモノヴァのレッスンを一緒に受けることになった。ハンナは天才ではなかったが、同年代の三人はすぐに打ち解け、固い友情で結ばれる。

不幸は一九四一年六月二二日、ナチスドイツがソ連との不可侵条約を破って、ソ連に侵攻したことから始まった。やがてポルタヴァはドイツ軍に占領され、ユダヤ人は財産を没収されてしまう。アブラーシャの家もラリッサの家も免れなかった。アブラーシャとラリッサの祖父母は強制収容所に送られていった。

ユダヤ人迫害は日を追うにつれて激しくなっていった。ライヒは娘の親友であるアブラーシャとラリッサだけでも助けようと尽力する。ソ連が〝神童〟をプロパガンダに利用したように、ナチスも美談にする可能性があると考え、司令官の親衛隊大佐シュヴァルトウ（コンスタンティン・ヴェッカー）に相談する。

それに対して、シュヴァルトウは、ナチス親衛隊全国指導者ヒムラーの誕生祝賀会で二人が完璧な演奏をすれば、強制収容所送りを免除するという提案を行う。

© CCC Filmkunst/Julia Terjung

『命をつなぐバイオリン』好評発売中（DVD）

ソ連におけるユダヤ人絶滅作戦

ウクライナは一九一八年にウクライナ共和国として独立を果たしたが、一九二二年にはロシア、ベラルーシとともにソビエト連邦に組み込まれた経緯がある。ヨーロッパに近いウクライナは、ヒトラーの野望「バルバロッサ計画」における標的の一つになっていた。一九三九年の独ソ不可侵条約締結によって、ヒトラーはソ連の中立を利用してポーランド侵攻を容易にし、目的が達成されると条約を一方的に破棄してソ連に侵出した。

そして、計画通りにソ連におけるユダヤ人絶滅作戦に着手したのである。規模は異なるがポーランドにおけるユダヤ人絶滅作戦と同じ構図である。シュヴァルトウとその部下たちは、ポーランド西部とウクライナのユダヤ人やシンティ、ロマたちを大量虐殺する構想を立てていた。この地域は歴史的に多民族が住む地であったため、ナチスの〝劣等人種〟絶滅のターゲットとされた。実行したのはナチス親衛隊と地元警察である。この映画にはこうした政治的背景がある。

一九四一年一〇月七日、ポルタヴァのコンサート・ホール。シュヴァルトウ大佐率いるナチス将校たちが集まり、ハンナが見守るなかで運命の演奏会が始まる。アブラーシャは見事な演奏を披露するが、ラリッサは演奏前に冷酷なシュヴァルトウ大佐に威嚇《いかく》されたことがプレッシャーとなり、次第に動揺を鎮めることができなくなる。

子どもの目線に立てば……

それから数十年後、再会したハンナとアブラーシャは、亡くなったラリッサを偲び、思い出を語り合う。アブラーシャはラリッサの死後、二度とバイオリンを弾くことはなかった。ハンナのそばには孫娘のニナがいる（ハンナの少女時代の俳優が演じている）。

この映画は音楽の普遍性と音楽を通した友情を描いている。ナチスの蛮行がヨーロッパを覆った時代に、それを子どもの世界から描いていることが要点といえる。プロデューサーの一人アリーセ・ブラウナーによれば、彼の両親はホロコーストをからくも生き延びたが、多くの親戚を亡くした悲しい経験に触発されたことが大きいという。

同時に第二次大戦中に一五〇万人ものユダヤ人の子どもたちが殺されていることに対する追悼の気持ちも強く流れている。子どもは大人と違って、政治状況や既成観念にとらわれず、純粋に物事をとらえて行動するので、子どもの目線に立てば戦争の真実をより深く表現できる。犠牲になった子どもたちを追悼し、勇気をもって生き抜いた子どもたちの姿を描く意図は十分に達成されている。

アブラーシャを演じたエリン・コレフは、オーディションで約四〇〇〇人の子どもたちから選ばれた実際の天才的な少年バイオリニストである。彼が弾くサラサーテのツィゴイネルワイゼンやリムスキー＝コルサコフの熊蜂の飛行などは素晴らしい。三人で作曲した〝友情の曲〟（ラリッサの歌）も心に沁みわたる。

（二〇一三年五月）

「やがて来たる者へ」パルチザン掃討作戦と子どもたち

ジョルジョ・ディリッティ監督　二〇〇九年　イタリア　一一七分

第二次世界大戦末期のイタリアは少し複雑である。イタリアはドイツ、日本と三国同盟を結んで連合国と交戦したが、一九四三年七月に連合軍がシチリアに上陸して地上戦が始まると、イタリア政界上層部はムッソリーニ首相の退陣を画策、国王にムッソリーニを逮捕させ、後継首相を任命した。そして、連合軍と休戦協定を結び、イタリア軍隊は解体された。

しかし、ドイツ軍が機敏に兵を動かし、ナポリ以北の全イタリアを占領したので、国王と後継政府は連合国の庇護に入ることになった。ムッソリーニもドイツ軍に救出され、新たな政権を樹立し、ドイツ軍とともに軍事行動を展開するようになった。

こうした状況下で、反ファシズム諸政党はイタリア各地に国民解放委員会を結成して、地下活動に入った。これと連携しながら、政党活動家、元兵士、一般市民などがパルチザン部隊を組織して、ドイツ軍とムッソリーニの軍に対して、レジスタンス（武装抵抗闘争）を始めるに至ったのである。

地元出身者が多い各地のパルチザンは、住民と良好な関係を保ちながら、ドイツ軍の後方を攪乱《かくらん》し、連合軍に先んじてフィレンツェを解放するなどの戦果も生んだが、連合軍からもドイツ軍からも正規の軍隊とはみなされず、国際法上の捕虜待遇を適用されなかった。そのため、ドイツ軍の捕虜になると、そのまま処刑される例も多かった。

連合軍が次第に北上し、北イタリアに迫ると、ドイツ軍は危機感を深め、連合軍を迎え撃つために、事前にパルチザンを排除する作戦に入った。パルチザン掃討作戦は、必然的に住民を巻き込むことになり、多くの悲劇を生むことになった。この映画の背景になっているボローニャ近郊のマルザボット村の虐殺は、中でも最大規模のものだった。

少女の眼差しでとらえる

主人公は八歳の天使のような農家の一人娘マルティーナである。彼女は物語を進行する役柄ではない。生まれたばかりの弟を自分の腕の中で亡くして以来、口をきかなくなっているからだ。しかし、すべてを曇りのない眼で観察している。

劇場用プログラムの表紙

大家族の農家の生活が丁寧に描かれる。春の種まきや秋の収穫、牛や豚の飼育、季節の行事や祭礼、若い娘たちの都会への憧れと異性への関心、ささやかなダンスパーティ。決して豊かではないが、質素堅実に生き、家族愛に包まれたマルティーナ。やがて、母親が再び妊娠し、新たな生命の誕生を心待ちにするマルテ

『やがて来たる者へ』好評発売中（DVD）

ィーナと家族たち。

マルティーナの家には夜間など、パルチザンが食糧や物資の調達で秘かに出入りする一方、日中は一帯を支配しているドイツ軍の若い兵隊もやってくる。戦闘がなければ、みな普通の人間であり、素顔を出して、故郷の話をしたりする。幼いマルティーナには誰が敵か味方かわからない。

マルティーナに弟が生まれて間もないときに突然、悲劇が村を襲う。ドイツ兵が家に踏み込み、見境なく射殺し、残りの者を教会前の広場で虐殺する。必死で止める牧師も射殺される。このマルザボットの虐殺は、一九四四年九月二九日未明から一〇月五日までの八日間に行われ、パルチザン掃討が目的とされたが、犠牲者七七一名の多くは、子ども、女性、高齢者だった。

この惨劇をマルティーナは奇跡的に逃れ、生まれたばかりの弟を山の中に匿《かくま》い、育てようとする。隣村の牧師館に身を寄せ、髪を切って少年に変装もする。両親を含め、家族を失ったマルティーナは弟と生き延びていくことができるのだろうか。

詩的なドキュメンタリーの面持ち

映画のような突然の理不尽な悲劇は今も繰り返されている。監督は、アフガニスタンの例をあげる。毎日のように戦闘に巻き込まれて犠牲になる多くの市民。この映画は歴史上、戦争のために命を落としたすべての民間人、ごく普通の生活が否応なしに断ち切られてしまった人々についての考察であり、暴力に慣れてしまわないために、戦争を無意味ととらえる少女の無垢な視点を取り戻すことの大切さを喚起したいという。

マルティーナが言葉を話さないために、事件の視点や解釈が観客に委ねられるという映画の構造も効果を生んでいる。実際に起こった事件を既存の知識や先入観から離れて、読み直すことが求められているのである。

実際には、あの事件から生き残った赤ちゃんは一人もいなかったが、映画でマルティーナの弟の生存の可能性を示唆したのは、やがて来たる者＝未来に生きる者、を赤ちゃんに託し、より広くは、生き延びた人々やわれわれ自身に投影したからである。

赤ちゃんのこと以外はすべて事実に沿って描かれており、キャストも母親のレナ（マヤ・サンサ）と家族の若い女性ベニャミーナ（アルバ・ロルヴァケル）以外は、地元の非職業俳優で、詩的なドキュメンタリーの面持ちもある。しかし、マルティーナに起用されたグレタ・ズッケーリ・モンタナーリの存在なくしては語れない映画でもある。

（二〇一二年一月）

「蝶の舌」

スペイン内戦と少年の叫び

ホセ・ルイス・クエルダ監督　一九九九年　スペイン　九五分

自然の摂理と驚異のシンボル

八歳の少年を通してスペイン内戦の悲劇を描いた作品である。国民を二分した内戦は独裁者フランコの死後も国民意識の深層に癒し難い傷を残した。ビクトル・エリセの「ミツバチのささやき」と「エル・スール」、カルロス・サウラの「歌姫カルメーラ」などの映画にそれが描かれ、絵画ではピカソの「ゲルニカ」にその悲劇が刻印されている。

この映画は、スペインの作家マヌエル・リバスがポルトガルの北部に接するガリシア地方を描いた短編集『愛よ、僕にどうしろと？』に収められた「蝶の舌」「カルミーニャ」および「霧の中のサックス」の三編をもとに構成されている。脚本家ラファエル・アスコナによって感動的な物語が紡がれた。

タイトルになった「蝶の舌」は、主人公の少年モンチョが、ドン・グレゴリオ先生に出会い、自由と真理の意味を学んでいくストーリーで、〝蝶の舌〟は自然の摂理と驚異のシンボルだ。こんな会話が交わされる。「蝶に舌があることを知ってるかい？」「舌？　そんなの聞いたことないよ」「蝶の舌は長くのびて象の鼻みたいだけど、細くて渦巻きのように巻かれているんだ」「見てみたいな」「いつもは巻かれているから見えない。花の蜜の匂いを嗅ぐと、蝶は巻いていた舌を伸ばして花びらの奥にある蜜を吸うんだ」

この蝶の舌は、民主主義が死に瀕していた内戦前夜にあって、愛と自由の復活を願う気持ちを象徴している。民主主義の自由な社会が戻ったときには、思い切り言いたいことを言い合おう、民主主義をよみがえらせようという切望が込められている。

モンチョとグレゴリオ先生

物語は一九三六年の冬の終わりから、初夏までのモンチョとグレゴリオ先生の交流を中心に進行する。ぜんそくのため、小学校に上がるのが一年遅れたモンチョは、恐る恐る教室に入ってくる。兄のアンドレスに学校は怖いところで、先生に叩かれたことがあると聞いていたからだ。緊張のあまり、モンチョはおしっこを漏らしてしまう。

学校を逃げ出したモンチョを、グレゴリオ先生は叱るどころか謝罪をして、登校す

だから、「さよなら」のかわりに叫んだ
胸、引き裂かれる思いで——
蝶の舌

公開時のチラシ

『蝶の舌』好評発売中（DVD）

るように迎えに来る。授業では子どもたちに本質的な知識を教えようとする。最後まで共和制を支持したアントニオ・マチャードの授業風景を詠んだ詩も朗読される。

モンチョはすっかりグレゴリオ先生が好きになる。先生は生徒を森に連れて行き、自然を観察させる。蝶の舌も、ティロノリンコというオーストラリア産の鳥がメスに蘭の花を贈ることなどもそこで学んだことだ。先生はモンチョのぜんそくの発作をとっさの判断で救い、仕立屋を営むモンチョの父親にお礼代わりに洋服を贈られる。その後、共和派同士で親しく話すようになる。モンチョは先生に『宝島』と虫採り網をプレゼントされる。

しかし、フランコ将軍率いる反乱軍が次第にガリシアにも迫ってくる。内戦前夜の六月一八日、一斉に共和派の取り締まりと強制連行が始まる。モンチョの親友の父親もグレゴリオ先生も拘束され、群衆が集まった広場に両手を縛られて連行される。

彼らがトラックに乗せられて行くとき、群衆から激しい罵《のの》りの言葉が投げかけられる。必死で家族を守ろうとする母親に指示されて、父親もモンチョも心ならず罵声を浴びせる。遠ざかるトラックに乗った先生に向かって石を投げつけながらも、モンチョは「ティロノリンコ！　蝶の舌！」と必死に叫ぶ。

モンチョの叫びの意味

最後のモンチョの叫びは、教師としても人間としても敬愛していたグレゴリオ先生へのお礼と別れの言葉と解釈される。なぜ立派なグレゴリオ先生が罵声を浴びせられなければならないのか。同じく尊敬していたはずの両親がなぜ、罵声を浴びせるのか、といった不可解な疑問や先生への同情や後ろめたさがモンチョの脳裏に渦巻いていたことだろう。

この映画は監督がいうように、八歳の少年モンチョが信頼する教師や友だちや家族を通して、人生の現実に触れていく通過儀礼がテーマでもある。それは「カルミーニャ」の大人の愛の形、「霧の中のサックス」の兄の叶わぬ恋といったエピソードでも多面的に展開されているところだ。

それ以上にこの映画は、やはりスペイン内戦の悲劇を背景に、極限状況における人間のあり方を問いかけているように思われる。それをモンチョの母親がとったような行動を告発するのではなく、深い悲しみの眼差しで捉えている。その悲劇考察の多重構造が観る人の心を動かすのである。グレゴリオ先生役の名優フェルナンド・フェルナン・ゴメス、二五〇〇〇人から選ばれたモンチョ役のマヌエル・ロサノの自然な演技が印象深い。

（二〇〇一年一〇月）

「いのちの子ども」

紛争地医療機関と子どもの患者

シュロミー・エルダール監督　二〇一〇年　アメリカ・イスラエル　九〇分

イスラエルとパレスチナの紛争は、一九九三年のオスロ合意で落ち着くかと思われたが、現在も紛争は続いている。ミサイル攻撃やテロ事件が日常茶飯事という異常な状況下で、イスラエルの医療スタッフがひとりのパレスチナ人の赤ちゃんを救うために奔走、努力する様子を描いたドキュメンタリー作品が作られた。

テル・アビブ近郊のテル・ハ・ショメール医療センターがその舞台だ。同センターはイスラエル有数の医療機関だが、パレスチナ自治区からの患者も受け入れていることで知られている。博愛精神を実践しているのだ。

そこに運ばれた赤ちゃんは男の子で名前はムハンマド。まだ四ケ月半だが、免疫不全症でこのままだと一歳まで命が持たない。骨髄移植が必要だが、その手術費五万五〇〇〇ドルも用意しなくてはならない。小児科医のラズ・ソメフ医師は、テレビ局に勤めるイスラエルの友人シュロミー・エルダールと相談して、ニュース番組で寄付を呼びかけることにした。同時にドキュメンタリー番組も制作することになった。エルダールが監督・撮影・ナレーションを務めている。

幸い匿名を条件に全額を寄付するイスラエル人が現れた。戦争で息子を亡くした篤志家である。次は骨髄提供者を探す作業になった。ムハンマドにはいとこが二五人もいて、可能性は大きかったが、その検査は難航した。封鎖されたガザからイスラエルへ彼らを連れて来ることができないからだ。血液サンプルを検問所で受け取る交渉をして、ようやく適合者がみつかり、手術が始まった。

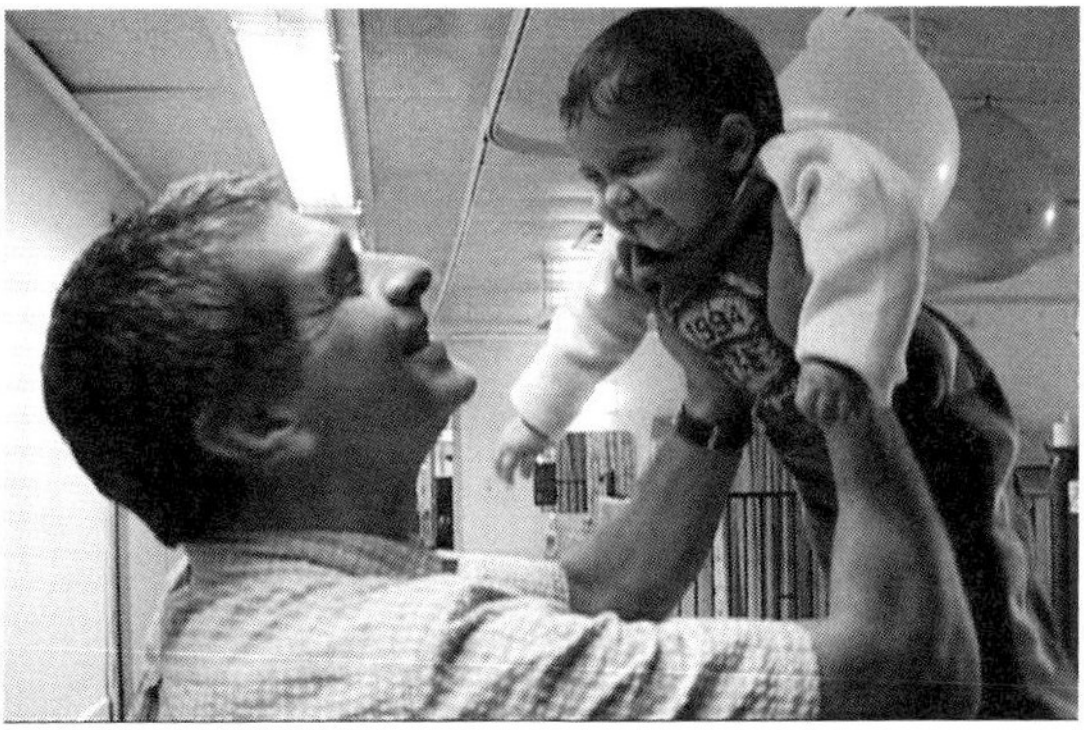

イスラエル人とパレスチナ人

手術は成功したが、母親のラーイダも父親のファウイギーも悩んでいた。ネットには親子を非難中傷する書き込みがたくさんあり、夫婦は傷ついていた。敵であるイスラエルの助けを受けることへの非難や嫉妬だ。裏切りと決めつける者もいた。

ラーイダ自身も毎日のように多くのパレスチナ人が死んでいるのに、なぜ息子一人のためにイスラエルの人たちが努力してくれるのか、疑問に思っていた。自分たちは宣伝

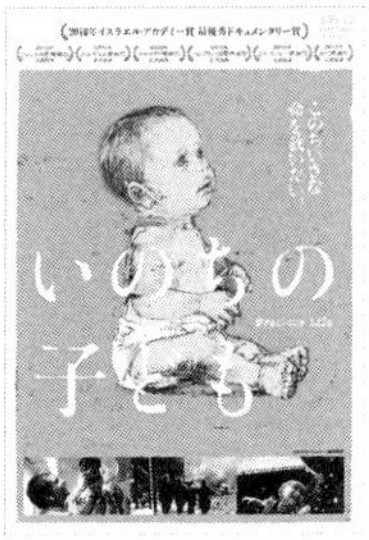

の道具にされているのではないかと疑っていた。

イスラエル人とパレスチナ人との間には基本的な溝がある。それはイスラエル建国のときからの宿命でもある。エルサレムをめぐるエルダールとラーイダの会話にそれが凝縮されている。両者とも聖地エルサレムは自分たちのものとして互いに譲らない。ラーイダにとって、エルサレムへ行くことは夢で、パレスチナ人はだれでもエルサレムのために生命を捧げる覚悟がある、という。

ムハンマドの生命さえ、その例外ではないと聞いて、ムハンマドを救おうとしている自分たちの努力は何なのかと、エルダールは動揺する。しかし、ラーイダの言葉はジレンマに置かれたラーイダ自身の葛藤《かっとう》の表れであるとわかり、エルダールはそこまでラーイダを追い込んだ自分を反省する。そして、いつかムハンマドと自分の息子が一緒に遊ぶ日がくることを切に願う。

紛争を超える視点

ムハンマドが退院した後、ガザで紛争が勃発する。ソメフ医師も軍医として駆り出される。イスラエルで働くパレスチナ人の高名な産科医の娘が二人犠牲になり、医師の絶望的な電話レポートが紛争の現実とその矛盾を生々しく伝え、ショックを呼ぶ。

停戦後、ムハンマドの容態が急変し、数日待たされて検問所から医療センターに搬送されてくる。ムハンマドは確実に成長している。元気になると、抱き上げるソメフ医師に笑顔で応えている。

ガザとイスラエルを行き来し、エルダールの手配でエルサレムにも詣でたラーイダは、パレスチナとイスラエルの関係を以前よりは相対的に考えるようになっている。そして、医療現場の人たちは民族や宗教を超えていのちを救うことのみを考えて活動していることを再認識する。

本来、共存共栄すべき隣国同士が不幸な歴史の下で対立、抗争している。その打開は外交的・政治的交渉に待つしかないが、市民レベルで考えたときは、この医療センターの努力に見られるように、一人ひとりのいのちを尊重することが出発点になるのではないだろうか。この誠実なドキュメンタリーを見ていると、一日も早く確実な平和が訪れることが深い祈りとなっていることを感じる。ムハンマドは、コーランを広めた最後の預言者である。その名前を授かった赤ちゃんのために尽力する姿からはつよいメッセージが伝わってくるようだ。この作品は、二〇一〇年イスラエル・アカデミー賞最優秀ドキュメンタリー賞を受賞している。

匿名で寄付してくれた篤志家と、勇気あるラーイダ夫婦、人間にも天使がいると教えてくれたソメフ医師の四人に捧げるというメッセージで映画は終わっている。

（二〇一一年九月）

「さよなら、アドルフ」ナチスの子どもたちのその後

ケイト・ショートランド監督　二〇一二年　オーストラリア・ドイツ・イギリス　一〇九分

ドイツ敗戦後の現実

ナチスの幹部や高官も家庭では優しい父や母だった。ナチスの子どもたちの多くは、ヒトラーを父と慕い、「最終勝利」を信じ、軍歌やヒトラー・ユーゲントの歌を歌い、反ユダヤ主義に染まっていた。しかし、ドイツ敗戦後、父や母が亡くなったり、連合軍に拘束されたりして、保護者を失い、社会に放り出されたとき、ナチスの子どもたちは想像し難い現実に向き合わされることになった。

この映画はそうしたナチスの子どもたちを描いた作品である。原作はレイチェル・シーファーの『暗闇のなかで』（二〇〇一年）。この長編小説は「ヘルムート」「ローレ」「ミヒャ」という三つの物語からなっているが、映画化されたのは「ローレ」である。一九二一年ベルリンが舞台の「ヘルムート」も、一九九七年に祖父の戦争時の足跡をたどる「ミヒャ」も子どもの視点から、ナチスの戦争を描いている。

ケイト・ショートランド監督は、一九六八年オーストラリア出身だが、夫がドイツ系ユダヤ人で、レイチェルの『暗闇のなかで』は身近な題材だったといっている。しかし、レイチェルは観察や記録をつづっただけで、主張や結論を書いてはいないので、映画化には困難が伴ったという。脚本に

も加わった監督が、加害者の子どもであることが何を意味するのかという重いテーマにどう迫ったかが注目される。

劇場用プログラムから引用

一四歳の少女・ローレ

一九四五年の春、敗戦したドイツ。ナチス親衛隊の高官だった父は文書や資料を焼却している。母は生活のために苦心苦汁の毎日だ。祖国を敗戦と荒廃に導いたナチスに対する住民の目は厳しく、食糧調達も困難になる。そんな中で両親は連合軍に拘束される。母は一四歳のローレ(サスキア・ローゼンダール)に四妹弟の世話を託す。

ローレは南ドイツから九〇〇キロも離れた北ドイツのハンブルクを目指す。乳飲み子のペーターと双子のギュンターとユルケン、妹のリーゼルを連れた徒歩の旅である。ナチスの身内に対する人々の目は冷たく、子どもであっても世話をみてくれる人は少ない。避難キャンプで母乳の出る人を探し、母にもらった貴金属などと交換に食糧を手に入れる。

ローレはユダヤ人虐殺や強制収容所のことは知らなかった。しかし、

『さよなら、アドルフ』好評発売中(DVD)

あるキャンプでユダヤ人の大量虐殺の写真を目にし、そこに父と同じ制服のナチス幹部が写っているのに気づく。父は何をしていたのか。疑問は不安と不信を呼び、これまでの世界観や価値観が一挙に崩れていくのを防ぐことができない。

ローレたちはユダヤ人青年トーマス（カイ・マリーナ）に助けられる。ローレたちには身分証がなく、連合軍に不審に思われたときに、とっさにトーマスが兄だといって助けてくれたのである。ローレたちはトーマスと旅を共にするようになるが、ローレはユダヤ人であるトーマスに心を開くことができない。

ドイツは分割統治されており、アメリカ地区からさらに北に行くにはソ連地区を通らなければならず、困難があった。大きな川も渡らなければならない。ここで小舟を出してもらうために、漁師と交渉するが、所持金がなくなったローレはやむなく、肉体を提供しようとさえする。

ハンブルクはイギリス地区だが、祖母の家は通行禁止区域の先だった。事故でギュンターを失い、ローレたちはようやく祖母の家にたどり着く。祖母は厳格で躾《しつけ》にうるさかった。想像を絶する苦労と心の痛手が癒《い》えないローレは素朴な反抗に出る。しかし、彼女のなかに新しい価値観やアイデンティティはまだ育っていない。

戦争に取り込まれた子どもたち

ローレたちは何ひとつ不自由のない生活から、敗戦によって突然、過酷な状況に追いやられる。

当時のドイツにはローレたちのようなナチスの子どもたちが少なくなかったはずだ。ホロコーストや強制収容所を描いた映画は多いが、ナチスの子どもたちのその後を描いたものは少ない。ローレがその後、どのような人生を歩んだかは、明らかにされていない。

ローレたちは道中で悲惨な戦争の傷跡を目撃する。殺された人たちや自殺した人たち。日常生活の痕跡を残しながら、空き家になった家々。家の中の死体。生きて祖母の家に行き着くために、必死に知恵を絞り、果敢な行動をとるローレたち。

子どもの目から見た戦争の悲惨さだけでなく、家庭と教育という基本的な生活環境のなかで戦争に取り込まれた子どもたちの悲惨さが伝わってくる。

ヒトラー政権の軍需大臣を父に持った子どもの一人は、ホロコーストなどについて父に質問しようと考えたが、実行しなかったといい、もう一人はある程度質問して、父の答えを受け入れたという。嘘であろうと真実であろうと、親の答えに耐えられなかった子どものつらい心情が隠されていると監督は述べている。

（二〇一四年四月）

「あの日の声を探して」 チェチェン紛争と子どもたち

ミシェル・アザナヴィシウス監督　二〇一四年　フランス・グルジア　一三五分

チェチェン紛争を、家族、とくに子どもの視点から切り取った作品である。ミシェル・アザナヴィシウス監督は白黒サイレント「アーティスト」で二〇一一年度アカデミー賞を受賞した。本作はそれ以前から温めてきた企画だったが、資金的に難航を余儀なくされていた。アカデミー賞を受賞したことで、実現の道が開かれたのである。

チェチェン共和国は、ロシア連邦を構成する国の一つで、コーカサス山脈の北側、黒海とカスピ海に挟まれた地域にある。岩手県くらいの広さで、チェチェン語を話すイスラム教徒のチェチェン人一〇〇万人ほどが住んでいる。大国ロシアに比較すればごく小さな民族共和国である。ロシアに併合されたのは、約四〇〇年前の帝政ロシア時代のことだ。

独立は長くチェチェン人の悲願だったが、許されなかった。一九九一年のソ連崩壊の後、独立を宣言したが、ロシアに牽制され、軍事衝突が起こった。この作品は一九九九年に始まった〝第二次チェチェン戦争〟を背景にしている。

ロシアがチェチェンの独立を認めないのは、コーカサス地方の豊富な地下資源を手放したくないことと、チェチェンの独立が他の共和国に波及してロシアの求心力が低下し、ひいてはロシア連邦の崩壊につながることを警戒しているためといわれる。ソ連時代の国内少数民族抑圧支配と同質であり、それが継続しているのである。

第二次チェチェン戦争は、一九九九年九月にロシア各地で発生した爆弾テロ事件を、プーチン首相（当時）がチェチェン人の犯行と断定して、空爆と地上軍の侵攻に踏み切ったことから始まっている。その後一〇年の間に二〇万から三〇万ものチェチェン人の生命が失われるという悲劇がもたらされた。これほどの悲劇が国際的にはよく知られていない。その実態を伝えることがこの映画の制作動機であると監督はいっている。

© La Petite Reine / La Classe Americaine / Roger Arpajou

声を失ったハジ

ロシア軍の攻撃を受けているチェチェンのとある村。赤ん坊の弟をあやしながら窓の外を不安げに見ている九歳のハジ（アブドゥル・カリム・ママツイエフ）。銃声とともに両親が倒

『あの日の声を探して』好評発売中
DVD三八〇〇円＋税
発売・販売元：ギャガ

れるのが目に入る。姉のライッサ(ズクラ・ドゥイシュビリ)の悲痛な声が響く。

家に若いロシア兵が入ってくる。ハジはベッドの陰に身をひそめる。ロシア兵もさすがに赤ん坊には危害を加えずに去って行く。姉も殺されたと思ったハジは、イスラム教徒の家庭と確認して、弟をその家の玄関先の椅子に置いて行く。一人歩いているハジを、見知らぬ家族がトラックに乗せてくれるが、名前を聞かれても話すことができない。ショックのあまり声を失ってしまったのだ。

ハジはチェチェン共和国と接しているイングーシ共和国の難民キャンプで赤十字に保護されるが、そこでも声は出せず、名前もいえなかった。荒廃した街で浮浪児たちに殴られ、持ち物を盗られたハジに手を差し伸べたのは、EU人権委員会に勤めるフランス人のキャロル(ベレニス・ベジョ)だった。キャロルはハジを家に連れていく。

キャロルはチェチェン問題を国際社会に訴えるべく、使命感と期待をもってEU議会で演説するが、出席者はまばらで、かつ無関心であることに絶望する。ヨーロッパ社会がチェチェンに対して動こうとしないのは、ロシアとの関係もあるが、チェチェン問題はマイナーな地域問題としか見られていないからだ。

ハジはキャロルと暮らしながら少しずつ心の平穏を取り戻していくが、声を出せるところまではいかない。他方、ハジが死んだと思っていた姉のライッサは、赤ん坊を見つけ、ハジを探して難民キャンプにやってくる。姉と再会したハジはようやく解放される。

理不尽な戦争を批判

映画は抑圧されるチェチェンの立場から描くだけではなく、ささいなことで街角から連行されて軍に強制入隊させられるロシアの青年コーリャにも焦点を当てている。一九歳の平凡な音楽好きの若者を殺人マシーンに変貌させる軍隊の非情と非合理も、監督が訴えたかったものであろう。ロシア兵士の母親たちが息子を探しにチェチェンに来たときも、チェチェン人は協力している。庶民のレベルでは、本来、敵は存在しないからだ。

監督は細部にこだわり、ほぼ全編を手持ちカメラで撮影している。ロシア兵が撮影するビデオ映像も、戦場における兵士の異常な感覚を印象づける。ハジ役のアブドゥル・カリムは演技初体験ながら非凡な才能を見せ、ライッサ役のズクラ・ドゥイシュビリも素人だが、映画制作の使命感から参加している。世界各地で繰り広げられている理不尽な戦争に対する普遍的な批判が看取される作品である。監督が意図した映像の力が発揮されている。

（二〇一五年六月）

「ふたつの名前を持つ少年」過酷な戦時下を生き抜いた少年

ペペ・ダンカート監督　二〇一三年　ドイツ・フランス　一〇八分

ユダヤ人少年の実体験

一九四二年夏にワルシャワ・ゲットーから脱走した八歳のユダヤ人少年が、名前を変えてポーランドの森や村を転々とし、一九四五年終戦までの三年間を生き抜いた実話の映画化である。ブウォニェという小さな町でパン屋を営むユダヤ人一家の末っ子だったスルリック・フリードマンは、家族と一緒にワルシャワ・ゲットーに収容される。

ワルシャワ・ゲットー設営から二年後の一九四二年夏から住民をトレブリンカ絶滅収容所に移送する作業が始まり、危険を察知したスルリックたちは脱走するが、家族は別れ別れになる。

スルリックは父に教えられた通り、ポーランドによくあるユレクという名前に変え、ユダヤ人であることを隠し、キリスト教徒として生き延びる。当時、ユダヤ人をゲシュタポに連行すると報奨金がもらえたために、見破られない工夫が必要だった。農家の前で十字を切り、キリスト教徒の戦災孤児として雇ってもらう。

森で行き抜く知恵と技術も身につけた。木の実やキノコを採集し、パチンコを作って小鳥を仕留め、泥蒸し焼きにして食べる。農家から卵やチーズや衣類を失敬することもある。ビンのかけらをナイフの代用にする。木の幹の苔の生え具合によって、方角を定め、森で迷わないことを学ぶ。

善良な農民に救われることも多かったが、ゲシュタポのユダヤ人狩りに追われ、沼に隠れて追跡をまくこともあった。これも父が教えてくれたことだった。兵士も犬も湿地や沼を嫌うからである。

こうした一連の逃走と生き残りの体験が少年の視点と目線から語られている。これがこの映画のユニークなところである。

戦時下の人間模様

凍死寸前のスルリックを救ったヤンチック夫人は夫と息子がパルチザンでゲシュタポに狙われていた。彼女は〝ポーランド人孤児ユレク・スタニャク〟の身の上話を考え、何度も練習させ、生き延びる知恵を授けてくれる。夫人から十字架のネックレスをお守りにプレゼントされたユレクは、農家の前で偽りの身の上話をして、食べ物をもらったり、雇ってもらったりする。

ユレクに同情し、温かく迎えてくれた決し

映画の歴史的背景

井上茂子（上智大学、ドイツ現代史）

1939年9月1日の第二次世界大戦の勃発後1カ月後で、ポーランド西部はドイツ、東部はソ連の支配下に入った。開戦直前に結ばれた独ソ不可侵条約の秘密条項で、ポーランド分割が合意されていたからである。ドイツ支配下の西部ポーランドは二分され、北部・西部はドイツに編入され、南部・中部は、総督府（ドイツの植民地）に再編された。ナチス・ドイツは、ポーランド人エリート層を大量に殺害し、ポーランド人を弾圧すると同時に、ドイツで実践済みの反ユダヤ政策を導入した。ユダヤ人に対する職業制限や事業没収、財産押収、強制退去、ダビデの星着用、種々の行動制限、食糧配給差別、強制労働などである。ドイツ国内よりも、はるかに急テンポで過酷な実施であった。1941年6月に独ソ戦が開始されると、ソ連支配下の東部もドイツ支配下に入り、1944～45年にソ連軍が進撃してポーランドからドイツ軍を敗走させるまで、ポーランドは完全にドイツ支配下にあった。

ナチス・ドイツによるヨーロッパ・ユダヤ人の絶滅政策（ホロコースト）のユダヤ人死亡者数は500万人強と推定されているが、そのうちの過半数はポーランド国籍であり、第2位のソ連国籍70万人を大きく引き離している。ポーランド・ユダヤ人の犠牲者がこんなに多い理由は、第一に、ポーランドは元来ユダヤ人の集住地だったからである。開戦時ポーランドには350万人のユダヤ人があり、ホロコーストで9割以上が犠牲になった。第二に、ドイツ支配下の期間が長く、過酷な反ユダヤ政策の実践場になったからである。

たとえば、ゲットー建設。ドイツではユダヤ人を強制集住させる場合も、建物単位にとどまり、ユダヤ人街は成立しなかった。しかしポーランドでは、元来あったユダヤ人街区を中心に、外界と区切られたゲットーが各地に建設され、ユダヤ人が強制収容された。強制収容の目的は、ユダヤ人を遠隔地に再定住させる

劇場公開時のプログラムから

『ふたつの名前を持つ少年』好評発売中（ブルーレイ＋DVDセット）

て豊かではない農民がいた一方で、ゲシュタポにユレクを売った農民もいた。その収容所をからくも脱出したユレクを雇ってくれた大農場では、勤勉さを認められたが、脱穀機に右腕を挟まれ、重傷を負ってしまう。

農場を仕切るヘルマン夫人はすぐに町の病院に運んでくれたが、ユレクがユダヤ人であることを知った若い医師が手術を拒み、一晩放置されたため、壊疽《えそ》が進み、翌朝別の医師が発見したときは、肘の上から切断せざるを得なかった。

ユレクはリハビリに励み、片腕のハンディを乗り越えようとしたが、若い医師がゲシュタポに密告したために、連行される危機が迫り、病院から脱走する。いったん農場に戻り、ヘルマン夫人の世話を受けるが、ゲシュタポの捜査の手が及ぶことが想定されたので、また森へ逃げることにする。片腕での森の生活は至難だったが、工夫と努力で木登りや簡単な狩りや靴ひも結びなどもできるようになる。

ドイツ兵の中にもユレクを助ける人がいた。ユレクは戦時の異常な社会状況の中でさまざまな人間と出会い、学び、生き延びていく。そして、親切な鍛冶屋一家に迎えられ、家族のように暮らし、キリスト教の初聖体を済ませ、ポーランド人ユレク・スタニャクとして生きることを決心する。

スルリックの戦後

戦後のある日、アメリカのユダヤ人支援組織から担当者がユレクを迎えにくる。ユダヤ人孤児を保護し、教育の機会を与え、社会人として育成、サポートする組織である。ユレクは頑強に抵抗するが、無理やりワルシャワのユダヤ人孤児収容施設に連れていかれる。

その後、関係者の努力で、故郷の町ブウォニェが確認され、そこへ行ったユレクは親しかった食料品店のスタニャクおばさんに再会し、次第に記憶がよみがえってくる。思い出せなかった母の顔も思い出す。アイデンティティがよみがえる。ユレクは本名のスルリックに戻ることに決め、鍛冶屋一家に別れを告げに行く。

映画の最後に、スルリックのその後と現在が紹介されている。彼は孤児収容施設で小学校八年分を四年、中学校四年分を二年で卒業し、大学に進み、数学の講義助手になった。一九六二年にイスラエルに渡って、ヨラムと名前を変え、数学教師になり、姉とも再会した。老境にある彼が海岸で子供や孫に囲まれているシーンが最後を飾っている。

この映画の原作は、ヨラム・フリードマンが語った少年時代の話を聞いて感動した作家のウーリー・オルレブがまとめた〝RUN BOY, RUN〟（二〇〇一年）である（日本語訳『走れ、走って逃げろ』母袋夏生訳、岩波少年文庫、二〇一五年）。また、ドイツ人がこうした映画を作ることの意義も考えたくなる作品である。

（二〇一五年一一月）

第3章　戦争の記憶を風化させない

「美しい夏キリシマ」少年の心を砕いた戦争の日

黒木和雄監督　二〇〇二年　日本　一一八分

戦争下の日常、あるいは日常化した戦争を少年の目で描いた秀作である。一九四五年の夏、美しい霧島の山麓をアメリカのグラマン機が編隊を組んで悠然と飛んでいる。場所によっては、機銃掃射もするが、雄大な自然に同化したようなのどかな雰囲気さえある。

日本軍にはすでに敵機に対抗する軍事力がない。人々は上空をわがもの顔に飛行するグラマンを複雑な気分で眺めている。満州から引き揚げてきた陸軍師団がアメリカ軍を迎え撃つ演習をしている。穴にこもり、戦車攻撃や一人一殺の訓練をしている。村のおじいさん、おばあさんも竹やりでわら人形を突く訓練をさせられている。

やがて、沖縄が制圧され、長崎と広島に新型爆弾（原爆）が落とされる。ついに敗戦の玉音放送とともに、戦争は終わり、進駐軍がやってくる。しかし、人々にとって戦争は容易に過去のものとはならない。家族や友人や級友の死傷や行方不明は、人々の心を砕き、生活と意識の根元を空洞化させる。

映画はこうした戦争末期の霧島を舞台に、中学三年の日高康夫（柄本佑）を主人公にして、村の日常生活が次第に破調の色彩を濃くしていく様を淡々と描いている。戦闘や爆撃のシーンは抑え、戦争に傷ついていく心の航跡が丁寧に表現されている。

康夫の戦争

康夫は勤労動員学徒だったが、グラマン機の奇襲攻撃を受けたとき、恐怖の余り、瀕死の親友、石嶺を見捨てて逃げてしまった。そのショックで、肺浸潤に罹《かか》り、父母と別れ、農村にある祖父（原田芳雄）と祖母（左時枝）の家で暮らしている。級友は学徒動員で働いており、漫然と自宅療養している役立たずの自分を責めている。

©映人同人社

地主で旧家・日高家の当主である祖父は、康夫を厳しく育てようと立居振舞を叱責しつづけるが、康夫はそれを受け止め切れない。石嶺を見捨てた罪悪感から、自分を生きる価値なき人間と思いつめ、身の置場を見つけられない。奉公人のなつ（小田エリカ）はそんな康夫を見守り、励ます。

あるとき、なつは康夫の部屋の机のそばに貼ってあるキリストが埋葬されようとしている絵を見て、その人は死んでいるのかと尋ねる。死んでいるけど、復活するんだ、と答えな

『美しい夏キリシマ』好評発売中（DVD）

がら、康夫は自分が死ぬことで、何かの奇跡が起こるかも知れないという考えにとらわれる。そのカラヴァッジョの複製の絵と聖書は石嶺がくれたものだった。

戦時下でもなつと同じ奉公人のはる（中島ひろ子）の婚礼があったり、叔母の美也子（牧瀬里穂）と海軍少尉浅井（眞島秀和）との逢瀬があったり、兵士（香川照之）となつの母イネ（石田えり）との密会があったりするが、康夫のあいまいな生活に変化はなかった。

それが石嶺の妹の波（山口このみ）からようやく許しをもらい、代わりに兄の仇《かたき》をとってくれ、といわれたときから、康夫は変わっていく。屋敷の一角の竹やぶに穴を掘り、竹やりを持って立てこもり、だれの声にも耳を貸さない。恐れていた祖父にも反抗する。

なつの「康夫さんが死んだくらいじゃ、何も起こらんとよ！」の声にも耳を貸さず、ひとり進駐軍に向かって竹やり攻撃をするが、相手にされない。殺せ、殺せ、という康夫の叫びだけが夏の空に吸い込まれていく。

掘り起こされる戦争の記憶

この映画には黒木監督の少年時代が投影されている。グラマン機の奇襲と級友の被爆死にも遭遇した。当時の少年少女たちは毎日、死の影に脅え、死を予感しながら暮らしていた。級友の校葬の後、肺浸潤で休学し、祖父母の家へ行った。今の病名なら、ＰＴＳＤ（心的外傷後ストレス障害）であろうという。

しかし、映画は監督の分身ともいえる康夫の悪戦苦闘の血がにじみ出るように、同世代の少年少女や大人たちに突きつけられた戦争という不条理な悪夢を描いている。海軍特攻隊員の浅井は美也子への思いを振り切るように死ぬ大義を考え、なつは神国日本は不滅不敗だと信じている。イネと兵士は本能のままに関係を続けるが、それも戦争が運んできた絶望を忘れるためでもある。

映画には、しばしばアゲハの仲間で幻の蝶といわれるアカボシウスバシロチョウが登場する。それは戦争で犠牲になったものへの追慕と転生、戦後日本と康夫の再生を暗示するかのようだ。権威と権勢の象徴だった祖父は、康夫に矛盾をつかれ、戦後は弱々しい老人に一変してしまう。

少年を主人公に戦争を描いた映画は少なくないが、この映画のように戦争の記憶を真摯《しんし》に掘り起こした作品は少ない。それは自立心を持ち、疑問と批判を忘れない康夫の精神に沿った結果だが、それだけに康夫が陥る錯乱状況は悲劇である。

（二〇〇二年一二月）

「月光の夏」

一台のピアノが語る〝戦争と平和〟

神山征二郎監督　一九九二年　日本　一一二分

一九四三年の学徒出陣。あの雨の神宮外苑の壮行会は映画やテレビで何度も見ているが、学業の途中で徴兵猶予を停止され、敗色濃い戦地に赴こうとしている学生の姿には万感迫るものがある。彼らは戦争が早く終結することを願い、夢や希望が実現できる平和な社会を待ち望んでいたに違いない。

しかし、彼らの多くは戦争の犠牲となり、かけがえのない生命と限りない才能を散らせた。その無念さ、悲劇、矛盾はさまざまに語り伝えられているが、この映画もそうしたエピソードの一つを核に、二度と繰り返してはならない戦争の悲劇、非人間性を訴えている。犠牲となった若い生命と才能への鎮魂譜のなかに今日へのメッセージがこめられている。二人の特攻隊員をめぐって物語が展開するが、特攻隊、特攻隊員の知られざる側面も明らかにされている。

古いグランドピアノの思い出

佐賀県鳥栖《とす》市の小学校で一台の古いグランドピアノが廃棄処分されようとしていた。それを聞いた元教師の吉岡公子（渡辺美佐子）は、ピアノを譲ってはもらえないかと申し出る。理由を聞かれ、彼女は一九四五年六月の出来事を話す。

一〇キロ離れた目達原基地から二人の特攻隊員が線路伝いに駆けてきて、ピアノを弾かせてほしいという。明日出撃するので、死ぬ前にもう一度ピアノを弾きたい。彼は東京音楽学校（現東京芸大）のピアノ科出身で、あと一人は師範学校出身の隊員だった。

当時はグランドピアノがある学校はほとんどなかったが、鳥栖国民学校には一九三〇年に婦人会が子どもたちのためにドイツから購入した高価なグランドピアノがあった。吉岡先生はその貴重なピアノの係だった。何か楽譜をといわれ、一冊差し出すと、彼はベートーベンの「月光」を全身全霊で弾き、また走って基地へ帰って行った。その後、二人がどうなったかはわからない。

教頭は初めて聞いたその話に感動し、ぜひ生徒の前で話してくれるように頼む。こうして吉岡先生の語るピアノにまつわる思い出は、学校のみならず、町の話題となり、新聞、ラジオでも報道され、ピアノは〝平和の記念碑〟として保存されることになった。

しかし、ここから事態は意外な方向に進展する。マスコミが追跡したピアノを弾いた特攻隊員の一人と見られるピアノ教師、風間（仲代達矢）は「覚えていない」と何も語ろうとしなかったのである。そのため、吉岡先生の話は作り話ではないかという噂さえ流れる。

地元ラジオ局の石田りえ（石野真子）に依頼されたドキュメンタリー作家の三池安文（山本圭）は、誠実で粘り強い取材で特攻隊と特攻隊員の秘された実態を掘り起こし、ついに風間の口から真相が語られるときがくる。

特攻隊は太平洋戦争末期、爆弾を抱いた飛行機や艦艇で敵艦に体当たり攻撃した日本軍の特別攻撃隊の略称である。絶望的、非人間的な攻撃方法で、陸海軍の航空機特攻では三千数百機が投入され、二十歳《はたち》前後の若者四千数百人が出撃し、そのほとんどが戦死したといわれる。備え付けの機銃を外し、二五〇キロ爆弾を翼の下に抱え、片道の燃料で敵艦目がけて飛んで行く。戦うこともできず、体当たりする前に撃墜されることも多かった。最後は援護機も偵察機もつかなくなった。

特攻隊員のなかには少年飛行兵や学徒出身者を急ぎパイロットに養成した特別操縦見習士官（特操）が含まれていた。ピアノを弾いた学生がそうだった。当時、芸大のピアノ科といえば一年に二、三人しか入学できないというエリートでたいへんな才能の持ち主だったはずだが、そうした才能と若い生命を無謀な作戦が圧殺したのである。

軍が闇に葬った

特攻作戦は主に米軍に一万人以上の犠牲を出したが、戦後の責任追及を危惧《きぐ》した軍部は特攻に関する資料を隠匿、抹消したと推察されている。映画に出てくる振武寮の存在も闇に葬られた一つで、エンジン不調などで引き返した特攻隊員が帝国軍人の恥とされ、虐待を受け、軟禁されていた施設である。

この映画は脚色はしているが、実話に基づいている。映画の三池安文は原作・脚本の毛利恒之がモデルだが、その冷静、誠実な取材態度も印象深い。この取材から半世紀の時間の溝が埋められていく。

ＫＢＣ九州朝日放送のラジオ・ドキュメンタリー「ピアノは知っている――あの遠い夏の日」が地元で話題になり、さらに総集編が放送され、小説「月光の夏」が書かれて映画化の話が持ち上がったとき、バックアップしたのは、鳥栖市民を中心とした「映画『月光の夏』を支援する会」だった。製作費二億五〇〇〇万円のうち、一億円が鳥栖市や特攻基地があった鹿児島県知覧町などでの募金で賄われた。まちおこし、地域文化振興の一環として実現した映画なのである。

戦時中の人間像もよく造形されている。監督がどうしてもやらなければならない企画として取り組んだ情熱が伝わってくる。

（一九九三年七月）

「嗚呼　満蒙開拓団」

国策移民がたどった運命

羽田澄子監督　二〇〇八年　日本　一二〇分

日本が中国に侵出し、満州事変の翌一九三二年に「王道楽土」「五族協和」をスローガンに建国したのが「満州国」である。五族とは、日本人、満州人、漢人、朝鮮人、蒙古人である。協和と平等が謳《うた》われていたが、日本をピラミッドの頂点にした植民地国家で、憲法も議会もない日本の傀儡《かいらい》国家だった。

満州を軍事的に支配していたのは、関東軍だったが、軍・軍属、満鉄関係者、商工業者などを合わせても満州国人口の一パーセントにも満たない約二〇万に過ぎなかった。そこで国策的な移民政策が推進される。支配基盤を固めると同時にソ連国境警備の兵力増強、食糧物資補給など後方支援のために、二〇年間に五〇〇万人を送り出すことが決定された。

この背景には世界恐慌後の不況で農村が疲弊し、深刻となっていた食糧不足と過剰人口を移民によって調整しようとする意図もあった。しかし、進んで移民を希望する人は少なかったので、政府の指導のもと、府県、市町村が強力な移民宣伝と勧誘を行った。

中には移住割当人数達成のために、詐欺まがいの勧誘もあり、くじ引きまで行った村もあったといわれる。こうして、五〇〇万人には遠く及ばなかったが、終戦間際まで二七万人の満蒙開拓団が送り出された。中でも、盛んだった養蚕業が不況の直撃を受けた長野県は、全国一の移民送出県となった。

入植地が足りなくなると、「満州国」は中国農民の農地を二束三文で召し上げ、開拓団に割り当て、中国農民を小作人にした。入植地は関東軍の方針でソ連との国境周辺に集中するようになった。日中戦争が本格化すると、開拓団の成年男子は次々と兵隊にとられていった。こうして老人と女性と子どもだけになった開拓団は、戦争末期に関東軍に見捨てられ、ソ連軍の侵攻にさらされ、集団自決や餓死、病死、凍死といった悲惨な結末を迎えた。開拓団二七万人のうち、犠牲者約七万二〇〇〇人、未帰国者約一万一〇〇〇人（うち六五〇〇人は死亡と推定）といわれる。残留孤児、残留婦人もこの状況から生まれている。

©彼方舎

方正地区日本人公墓

この映画は残留孤児や開拓団の家族などの証言からなる

『嗚呼　満蒙開拓団』好評発売中
DVD：五〇〇〇円＋税
発売・販売元：株式会社彼方舎

ドキュメンタリーである。監督自身、満州の大連で生まれているが、開拓団のことはよく知らなかった。残留孤児たちが二〇〇二年に起こした国家賠償請求訴訟を傍聴する過程で、満蒙開拓団の詳細を知り、ショックを受ける。そして、開拓団の数千人が亡くなった中国東北部の方正《ほうまさ》に日本人公墓があることを知って、二度目のショックを受ける。日本に侵略され、土地を奪われ、恨みをもって当然の中国人がなぜ、日本人のお墓を造ってくれたのか。

監督が方正へのツアーに参加したときから、本格的な映画づくりが始まった。ハルビンに近い方正には、関東軍兵站《へいたん》部があったので、開拓団の人々は方正を目指して国境地帯から避難してきた。しかし、多くの犠牲者を生みながら、やっと方正にたどり着いたときには、関東軍はすでに撤退していた。

戦争は終わったが、戦闘が続く中で、氷点下三〇度の冬を迎え、栄養失調や病気で多くの人々が亡くなった。野積みにされた死体は春になってから火葬されたが、その数は四五〇〇ともいわれた。それから一七年後、残留婦人だった松田ちえさんが、大量の遺骨を発見し、方正県政府に埋葬許可を申請した。

その願いが県政府から省政府を経て、中央政府、周恩来首相まで上がり、中国指導部は日本軍国主義と日本人民を区別する考えの下に、方正地区日本人公墓を建立してくれた。日中国交回復以前のことである。こうした寛容な姿勢が貫かれ、松田ちえさんは文化大革命の際、紅衛兵によって死刑を宣告されたときも、周恩来首相に救われるのである。

繰り返される国家による棄民

この映画は残酷な運命に翻弄された残留孤児や残留婦人、命を落とした犠牲者、逃避行の途中でわが子を手にかけざるを得なかった人たちの無念悲痛の叫びに満ちている。国は美辞麗句で開拓団を募って満州に送り込んでおいて、結局見殺しにし、何の責任もとらなかった。もちろん日本人の墓も建立していない。当時の中国指導部の高い倫理観と寛容の精神と比較すると言葉を失う。

ある証言者は、沖縄戦被害や戦後の多くの薬害被害にも同じような誰も責任をとらない国の体質が感じられるといっている。監督もインタビューで述べている。国の政治がどれほど人々の生活を左右するものであるか。軍国主義時代と違い、国民主権となっている現代では国民一人ひとりの判断が大きな意味を持つ。日本の学校教育で日本の近現代史が十分に教えられていないのは致命的な問題で、この映画が日本の近現代史を知るひとつの力になることを願っている、と。

（二〇〇九年九月）

「汚《けが》れた心」 敗戦を否定したブラジル日系移民社会

ヴィセンテ・アモリン監督　二〇一一年　ブラジル　一〇七分

今から考えれば理解困難な現実が、第二次世界大戦後のブラジル日系移民社会にはあった。大部分の日系移民は日本の敗戦を認めず、敗戦を直視しようとする日系移民の少数派を、汚れた心を持った非国民と断定し、疎外、弾圧したのである。殺人さえも行われた。

一九四五年八月の日本降伏の報は、移民社会にも伝えられたが、それはデマで実は日本の大勝利とする報が各地に行きわたり、多くの戦勝団体が結成された。とくに大規模だったのは、サンパウロに本部を持つ臣道連盟で、総人員一〇万を誇った。

『ブラジル日本移民史年表』（無明舎、一九九七年）によれば、一〇月に在リオ万国赤十字社ブラジル支部を通じて、日本からの正式の終戦詔書と海外同胞に対する外務大臣メッセージが届き、日系移民に事情説明を行おうとしたが、地方は〝勝組〟に支配されており、聞く耳を持たなかった。逆に敗戦を口にする者を国賊として、テロ暗殺事件にまでエスカレートしたのである。

一九四六年七月には、勝組による傷害、暗殺、爆破事件が疾風のように広がり、七月だけで襲撃・傷害六四件、殺害事件も一一件に達した。事態を憂慮したサンパウロ州は、狂信的勝組分子の代表数百人を招き、日本全面降伏の経過を説明し、ブラジルの法と秩序を守るように説得したが、聞き入れられず、ブラジル市民の排日気運が高まることになった。

こうした状況は一九四七年まで続き、逮捕者は三万人を超えた。しかし一〇年後に恩赦で全員が釈放された。この事件は長く封印されていた。原作者のフェルナンド・モライスが裁判調書を発見してノンフィクションにまとめ、「善き人」のヴィセンテ・アモリンが映画化することによって、その全容が明らかになったのである。

『汚れた心【完全版】』好評発売中
DVD四八〇〇円＋税
発売元：アルバトロス株式会社

タカハシとワタナベ

サンパウロ州の小さな町で写真館を営むタカハシ（伊原剛志）も素朴に日本軍の勝利を信じていた。妻のミユキ（常盤貴子）は日本人学校の教師をしており、二人は心から愛し合っていた。ある日、元陸軍大佐で日系コミュニティの精神的リーダーであるワタナベ（奥田瑛二）が、当局に禁じられていた集会を開き、ブラジルの官憲との緊張が高まった。ガルシア伍長はとくに高圧的で、ワタナベの軍服の勲章をはぎ取り、日章旗を踏みつけた。当時はブラジルと日本との国交は断たれており、排日の気運もあったのである。

この事件を契機にワタナベは、タカハシを急進的な愛国主義者グループに引き入れ、日本の勝利を認めない〝非国民〟の粛清に向かわせる。その一人がポルトガル語のラジオ放送などを通じて敗戦の事実を認識していた通訳のアオキ（矢崎勇）だった。

タカハシはワタナベから与えられた軍刀を持ってアオキを襲う。寡黙で地味なタカハシは人が変わったように、ワタナベの意にそって、凄惨なテロ行為に加担する。やがて、隣人のササキ（菅田俊）の粛清まで命じられる。ササキの妻ナオミ（余貴美子）やひとり娘のアケミとは、家族ぐるみの付き合いだったのだ。

ササキは日系農民の組合長を務める指導的人物だった。ササキを失ったナオミとアケミは、悲しみのうちに埋葬を済ませると、異常な事態になった日系コミュニティから逃れるように、列車で町を後にした。タカハシの妻ミユキも夫の変貌と行動を理解できず、町を去って行った。

「国策移民」の悲劇

タカハシは〝マッカーサーが天皇に降伏〟という新聞の捏造《ねつぞう》記事への協力まで依頼される。ここでタカハシはワタナベの意図に疑問を覚える。日本が本当に戦争に勝ったのなら、記事を捏造する必要はないからだ。タカハシの迷いを察知したワタナベは、刺客をタカハシに差し向ける。

自首し、一〇年後に釈放されたタカハシは写真館を再開したが、平穏な日々が再来することはなかった。この秘められた悲劇の背景は複雑である。一九二一年から一九三四年までがブラジル移民全盛時代で、サンパウロ州、パラナ州などに一〇万以上の移民が集中した。この時代は、ブラジルのナショナリズムが高まり、移民制限や外国語学校の閉鎖、独裁体制の樹立、日本語の使用や集会の禁止などが行われた。一九四二年には国交が断絶された。

勝組の暴走は、こうした日系社会の閉塞的な状況と無縁ではない。情報が少なく、雑音の多いラジオの短波放送や、ガリ版刷りのビラや噂の中では、大部分の移民は「神州不滅」と天皇絶対主義を信じるしかなかった。日本に帰りたい心情が大きかった勝組の人たちは、日本の敗戦を認めることはできなかった。

一九七三年に帰国した移民三家族、一四人は羽田空港で「天皇陛下万歳」を連呼し、故郷の沖縄で米軍基地を見ても、戦勝国日本の信念は揺らがなかったという。こうした歴史の暗部、もう一つの戦争の発掘と映画化は、外国人でなければできないことだったといえる。映画を通した近代日本の貴重な証言である。

（二〇一二年一〇月）

「南京1937」歴史を直視することの意味

呉子牛《ウーツーニウ》監督　一九九五年　香港・中国・台湾　一一〇分

一九九八年、インドが地下核実験を強行した。それに対して日本政府、広島・長崎両市をはじめ、多くの市民団体、宗教団体がインド政府に抗議の意思表示をした。しかし、一面でこうした日本の抗議は、必ずしも国際社会で全面的な支持と共感を獲得しているわけではない。

それは戦後日本が国として戦争責任を徹底的に反省、追及せず、アジア諸国で犯した戦争犯罪から目を逸らしてきたからだ。唯一の被爆国ではあるが、その矛盾が指摘されざるを得ない。旧西独・ヴァイツゼッカー大統領の演説の一節、「過去に目を閉ざす者は、現在に対してもやはり盲目となる」に通じる。

この演説が行われた一九八五年には、南京に「侵華日軍南京大屠殺遇難同胞記念館」がオープンしているが、同じ年に日本では中曽根首相が東京裁判で絞首刑になったA級戦犯を祀《まつ》った靖国神社を公式参拝しているし、南京大虐殺や「従軍慰安婦」を作り話として否定する保守政治家・文化人発言が相次いだ。その都度、政府は弁明するが、賠償問題などが絡み、歯切れは悪い。戦後半世紀はその繰り返しだったといってよい。

アウシュヴィッツや広島、長崎と並ぶ二〇世紀最大の悲劇といわれる南京大虐殺は、当時、南京安全区国際委員会委員長だったドイツ人ジョン・ラーベの日記「南京の真実」などによって次第にその全容が明らかにされつつある。彼は二五万人もの中国人を救い、〝南京のシンドラー〟と称され、戦後、中国民衆から感謝状を贈られている。では、南京大虐殺とはどんな事件だったのか。

中国侵略と南京大虐殺

日本は一九二七年の山東出兵後、なし崩し的に中国を侵略したが、それは宣戦布告なき戦争だった。そのため、戦時国際法や中立法規は無視され、略奪や捕虜虐待、民間人、婦女子への暴行、凌辱などが続出した。「従軍慰安婦」施設も強姦《ごうかん》の多発に手を焼いた軍当局によって設置されたものだった。

劇場用プログラムの表紙

その象徴が一九三七年の南京大虐殺といえる。同年夏の盧溝橋《ろこうきょう》事件で日中戦争が全面化し、日本軍は上海を陥落、主力部隊「中支那方面軍」を編成し、首都南京に迫った。その司令官が松井石根大将だった。一二月一三日に南京は陥落したが、その前に「南京安全区国際委員会」がつくられ、安全区には二〇万人もの中国人が避難していた。その委員長がシーメンス社の社員、ラーベだった。

日本軍は南京が当時、中国の首都であったことから、厳しい措置をとり、中国全土の抗日運動に打撃を与えようとした。食糧問題もあり、捕虜一万数千名を虐殺、一般市民、婦女子に対しても殺《さつ》戮《りく》、暴行をほしいままにした。中国政府と中国の研究者は犠牲者の総数を三〇万人以上と推定している。

戦時下は報道統制され、日本国民一般がその事件を知るのは、戦後の東京裁判によってである。当時、南京陥落は国民の歓呼と提灯行列で迎えられたが、幼児や婦女まで大虐殺した残虐な実態は隠され、戦後も中国国民に対して公式に謝罪されることはなかった。

歴史を正視することで

呉子牛監督は張藝謀《チャンイーモー》や陳凱歌《チエンカイコー》と同じ中国第五世代の戦後派監督である。史実を元にしたこの映画は、地獄のような悲惨なシーンが多いが、それは民族的な恨みからではなく、歴史を正視することによって、それを超えた人類愛を描く目的からだといっている。

そのため、監督は多数の資料、文献に目を通し、実際に捕虜の虐殺が行われた場所で数千人のエキストラを使ってロケをし、安全区も細部に至るまで再現するなど、あくまでリアルな映像づくりに努めた。つまり、南京大虐殺の一部始終をドキュメンタリータッチで映像化しようとした。

同時に日中戦争に翻弄される三つの家族を登場させ、その運命とともに南京一九三七年のドラマを描いている。その中心となるのが、中国人医師・成賢と日本人妻・理恵子の家族だが、悲惨な体験の末に理恵子が生む赤ん坊は〝南京〟と名づけられる。この結末には明らかに民族を超えた愛と平和のメッセージがこめられている。

最近も日本の駐米大使が、ベストセラーとなっている「ザ・レイプ・オブ・ナンキン」を非難して批判されており、日本政治の全体状況は変わっていない。映画は日本人として見るにはつらいシーンが多いが、歴史を直視し、真摯に反省することは日本人の責務だろう。

映画には日本人も出演している。早乙女愛が理恵子を力演しているが、彼女はシナリオを読んで共感し、南京に飛んで監督に会ったという。しかし、彼女はこの映画に出演したことで右翼の脅迫を受けている。

また、松井石根を牧師の久保恵三郎が演じているが、彼は松井役公募の新聞記事を見て直観し、悪役だからやめるようにともいわれたが、応募した。こうした日中の協力で完成した国際映画でもある。公開も市民運動的な上映運動で実現した経緯がある。

（一九九八年六月）

「アンボンで何が裁かれたか」オーストラリア人が裁いた日本の戦争

スティーブン・ウォーレス監督　一九九〇年　オーストラリア　一〇八分

アンボンとはどこか

原題は、Blood Oath「血の誓い」だが、邦題はあえて「アンボンで何が裁かれたか」と内容に即したタイトルにしている。アンボンは今日の多くの日本人にはなじみがない。

しかし、太平洋戦争時には日本軍とオーストラリア軍双方にとって戦略上重要な拠点だった。当時はオランダ領だったがインドネシア諸島の一つ、ニューギニア島西部の小島である。オーストラリアのダーウィンから一〇〇〇キロの地点にある。

一九四一年一二月、この島にオーストラリア兵一一五〇名が配置される。オランダ軍の支援と祖国防衛のためである。しかし翌年一月、三万五〇〇〇の日本軍は瞬く間にアンボン島を占領、オーストラリア兵とオランダ兵はアンボンをはじめ周囲の島々の捕虜収容所に収容される。

アンボン島の捕虜収容所の待遇は最悪で、収容されたオーストラリア兵五三二名のうち戦争終結後まで生き残った者は一二三名にすぎなかった。戦後、一九四六年一月、日本軍による捕虜虐待と殺害行為がアンボン島で裁かれることになる。ニュルンベルク裁判や東京裁判のほかにこうした無数の小さな戦争裁判があったのである。

この映画は、その戦争裁判で検事を務めたオーストラリア人の息子が、当時の資料と父親の残した裁判記録をもとに脚本化と映画化に参加した作品で、事実に基づいた〝フィクション〟である。

何が裁かれ、裁かれなかったか

劇場用プログラムから引用

裁判を担当したのは、オーストラリア陸軍法務部で、検事はロバート・クーパー大尉（ブライアン・ブラウン）である。彼は直情的なところはあるが素朴な正義漢で、客観的に事実を探り当てようと努めた。九一名の日本軍将校が責任を問われたが、彼は捕虜虐待と殺害の全責任は最高司令官である高橋中将（ジョージ・タケイ）とアンボン捕虜収容所の責任者だった池内大佐（渡辺哲）にあると判断する。

　しかし、高橋中将は偽証し、日本の指導層を温存して占領政策に役立てようとするアメリカの思惑によって無罪となる。その後、クーパー大尉はいくつかの証拠を発掘して池内大佐を追い詰めるが、池内大佐は割腹自殺をしてしまう。こうして裁判の〝成果〟が危ぶまれたところで、上官の命令によってオーストラリア人パイロットの処刑を実行した田中日出男中尉（塩谷俊）がスケープゴートにされるのである。

　田中中尉はクリスチャンですでに帰国していたが、公正な裁判を信じて自首してきたのである。彼は捕虜虐待に対して高橋中将に抗議もしていたが、聞き入れられなかった。責任ある上官が政治的に免責されたのと対照的に、特権を持たない下級将校が責任を負わされたのである。

クーパー大尉は苦悩し、法と正義の亀裂を前に陳述する。「上官が処刑を命じ、記録を焼却している。処刑を実行した下級将校を罰するのは正義ではない。しかも処刑の実行は名誉として与えられたのである。それが日本の伝統だった。しかし、ここで明らかになったのは東西文化の違いでも敵味方の違いでもなく、権力を持つ者が持たない者を犠牲にするということだ。被告に対しては寛大な処分をお願いしたい」。

このメッセージにどう応えるべきか

この映画は当初、日本公開が危ぶまれた。テーマの重さと描写の生々しさから一時は公開断念のところまでいった。それを出演者や関係者の努力で公開にこぎ着けたが、この背後には戦争と戦争犯罪に対するわが国の意識と対応の問題がある。

ドイツと対照的に、事実を遠く忘却の彼方に追いやり、教科書などでも教えないようにしてきたのがわが国の戦後にほかならない。この映画でオーストラリア人は日本人への偏見や被害者意識を克服し、事実を直視することによって戦争の愚かしさを訴え、政治的取り引きを批判している。日本軍だけでなくアメリカも告発されている。

若い日本人の多くはアンボンを知らず、ＢＣ級戦犯の全有罪者の二七パーセントが捕虜収容所関係者であったことや、日本軍の捕虜となったオーストラリア人の死亡率が三五・九パーセントにも達したことを知らない。知らされてこなかったのである。西ドイツのワイツゼッカー元大統領がいったように過去に目を閉ざすことは、未来にも目を閉ざすことにつながる。

確かに日本軍の〝蛮行〟には目をそむけたくなるシーンも多い。しかし、事実として受け止め、内省と相互理解の糧にしていく姿勢が必要だ。エキストラを務めた若い日本人は戸惑いとショックを受けながら、史実と知って真剣になったといわれる。暴露や非難ではなく、過去を直視し、どう乗り越えていくかという問題が投げかけられている。

（一九九一年六月）

「レイルウェイ 運命の旅路」戦争被害者と加害者の和解は可能か

ジョナサン・テプリツキー監督　二〇一三年　オーストラリア・イギリス　一一七分

実話に基づいた映画である。第二次大戦中、日本陸軍はビルマ戦線の物資輸送確保のため、タイとビルマを結ぶ四一五キロの泰緬《たいめん》鉄道建設に着手した。この鉄道ルートは英領ビルマ時代にイギリスが検討したが、地形が複雑で工事が困難なため、断念されたものだった。日本軍はイギリスが検討した複数の案のひとつを踏襲し、建設を強行した。

建設作業は難航し、多くの犠牲者を出したため、「死の鉄道」と呼ばれた。作業に従事したのは、日本軍一万二〇〇〇人、連合国の捕虜六万二〇〇〇人（うち一万二〇〇〇人以上が死亡）のほか、タイ人、ビルマ（ミャンマー）人、マレーシア人、インドネシア人など三〇万人余に及んだ。総数の約半分が犠牲になったともいわれている。

連合国の捕虜のなかに一九四二年二月のシンガポール陥落で捕虜になった二一歳のイギリス人将校、エリック・ローマクスがいた。彼は鉄道好きの少年だったが、大人になり、軍に入隊し、無線送受信業務に従事していた。彼らは日本軍の非人間的な扱いと過酷な労働で次々と仲間を失い、帰還しても深刻な心の傷に苛まれた。いわゆる、ＰＴＳＤ（心的外傷後ストレス障害）である。

エリックもその一人だった。彼はあるとき、当時、彼の尋問と拷問に立ち会った通訳の永瀬隆生存の情報を得て、一九九三年に再会し、対峙《たいじ》した。英語を話す知識人で教養があったはずの永瀬が、通訳するだけで日本軍の蛮行を許したことをエリックは認めることができなかったのである。エリックはその体験を“The Railway Man”という自伝にまとめた。この作品はそれを映画化したものである。

劇場用プログラムから引用

エリックと永瀬

初老になったエリック（コリン・ファース）は列車で、美しく聡明な女性パトリシア（ニコール・キッドマン）と相席になり、恋に落ちる。再会の後、二人は結婚式を挙げるが、大勢の退役軍人会の仲間も出席し、二人を祝福した。

しかし、幸せな結婚生活は長くは続かなかった。時折、過酷な戦争体験のトラウマがよみがえるエリックは幻覚に陥り、異常な行動を繰り返す。気難しくなり、自分の殻に閉じこもるようになった。

看護師の経験があり、何とか夫を救いたいパトリシアは、夫の戦友で退役軍人会のメンバーの相談役のフィンレイ（ス

『レイルウェイ　運命の軌跡』好評発売中（DVD、ブルーレイ）

テラン・スカルスガルド）に相談する。しかし、フィンレイ自身も戦争のトラウマから立ち直ってはおらず、エリックと同じ苦しみを抱えていた。

ある日、エリックは永瀬生存を伝える新聞記事を見せられる。永瀬は戦争体験を伝えようとタイに寺院を建て、現地で暮らしているという。エリックの脳裏に当時の凄絶な生活がよみがえる。

若いエリック（ジェレミー・アーヴァイン）が、密かにラジオを作り、BBC放送で連合国が優勢になったことを知る。しかし、それが発覚してひどい拷問を受ける。木の棒が折れるくらいに痛打され、ホースで死の寸前まで水を飲まされる。炎天下に木の檻《おり》に入れられる。真っ暗な部屋に閉じ込められる。実行するのは日本軍兵士や憲兵だが、通訳の若い永瀬（石田淡朗）は見ているだけだった。

エリックはパトリシアと生きていくためにも、過去と向き合い、決別する必要があると考える。そして永瀬と直接会うことを決意し、一九九三年、一人タイに旅立つ。永瀬（真田広之）も戦争を悔い、遺体の埋葬や慰霊に献身し、タイで得度してタイ式の寺院を建立していた。彼もエリックを忘れることはなく、突然現われたエリックが短剣を自分の首に当てたときも、甘んじて刺される覚悟だった。

憎しみを断ち、赦すこと

復讐心に燃えていたエリックは永瀬もまた苦しんでいたことを知り、同時に永瀬の人格に触れて彼を赦《ゆる》す心境に到達する。その後、二人は終生の親友となり、それは二〇一一年の永瀬の死去まで続いた。エリックは翌年亡くなっている。

戦争には多様な側面がある。当時日本は、戦時国際法としての傷病者および捕虜に関するジュネーヴ諸条約に加盟しておらず、連合軍捕虜を過酷な鉄道建設に従事させ、多くの犠牲者を出すに至った。各地における日本軍の蛮行の法的な背景ともいえる。

泰緬鉄道については、デヴィッド・リーン監督の一九五七年公開「戦場にかける橋」（第三〇回アカデミー賞作品賞）が有名だが、フィクションが多く真実を伝えていないとして、永瀬は一九八六年に『「戦場にかける橋」のウソと真実』（岩波ブックレット）を刊行している。

人間性を破壊する戦争の矛盾と悲劇を描いたこの作品が、心に落とすものは重い。それでも赦したエリックの人間性が印象に残る。憎しみを断ち、赦すことで再出発する意志が伝わってくる。コリン・ファースと真田広之の演技が素晴らしい。

（二〇一四年六月）

「靖国 YASUKUNI」

あらためて靖国神社を問う

李纓《リイン》監督　二〇〇七年　日本・中国　一二三分

中国人監督によるドキュメンタリー映画「靖国 YASUKUNI」は、公開前に奇妙な形でクローズアップされた。映画を「偏向」と決めつけた週刊誌報道につづき、「伝統と創造の会」の会長を務める自民党の稲田朋美衆議院議員が「政治的意図がある映画への助成は問題」として、二〇〇八年二月、文化庁に試写を要求したのである。

試写は各党を対象にすることを条件に三月に実施された。自民、公明、民主、社民の四党から約四〇名が参加した。端緒となった「靖国派」議員の「表現の自由」を抑圧しかねない横槍によって、波紋が広がり、右翼が上映予定の映画館に上映中止を要求、銀座シネパトスなどが相次いで上映中止を発表した。四月二日夕刊の朝日新聞の全面広告の時点では東京の上映予定がすべて中止になっており、上映予定のない奇妙な広告となってしまった。

しかし、事件が大きく報道されるに至って、逆に映画に対する関心が集まり、上映を求める世論が高まった。それに応える映画館が現れ、映画館の前は長蛇の列となった。上映中止を求めた右翼・民族派活動家もほとんど映画を見ていなく、彼らのための上映会も持たれた。実際に映画を見ることで、理解が深まり、右翼の妨害も影を薄めた。

靖国神社の多面性

ドキュメンタリーを手がけてきた監督は、日常的にカメラを持ち歩いて、関心のある映像を記録してきた。「靖国」もそこからスタートしたが、ある時点で靖国神社に正式な取材の申し込みを試みた。しかし、応じてもらえなかった。ただ、八月一五日は多くのマスコミが取材に来るので、撮影許可が下りた。普段は静かな境内が八月一五日には一変する。その様子がカメラに収められている。

映画『靖国 YASUKUNI』より（© Dragonfilms2007）

映画はその前に、靖国神社の御神体である靖国刀の刀匠を延々と描き出している。九〇歳の刈谷直治である。彼の仕事ぶりと彼と監督の対話である。靖国神社は天皇のための「聖戦」で亡くなった軍人を「英霊」として祀《まつ》っている神社で、設立は明治二（一八六九）年にさかのぼる。

靖国刀は神社境内の日本刀鍛錬所で、一九三五年以来、終戦までの間に伝統的製法で八一〇〇振作られた。終戦後、作刀と刀の所持はGHQによって禁止されたが、一九五四

『靖国 YASUKUNI』好評発売中（DVD）

年に美術品としての製作が認められ、靖国刀匠たちも各地で作刀を開始した。刈谷直治もその一人であり、当時は現役最後の靖国刀匠として、高知県の鍛錬所で製作している。

彼は居合を披露し、製作工程を披瀝《ひれき》する。しかし、監督との対話は無言と沈黙に支配されがちである。カメラはその沈黙をじっと追う。沈黙の中に深い意味を探ろうとするかのように。御神体としての靖国刀と実際に戦地で人を斬る刀の二面性も描かれる。

一般に報道される靖国は、八月一五日の喧騒《けんそう》と最近は小泉純一郎首相（当時）の参拝だ。カメラには日の丸を掲げた白髪の老人や、軍服姿の青年や、海軍の格好で参拝する一行や、星条旗を持って小泉首相の参拝を支持するアメリカ人や、南京大虐殺を否定する署名運動をする人々や、合祀《ごうし》取り下げを求める台湾の人々や真宗遺族会の僧侶などが登場している。

彼らの主張と論争、紛糾、流血、パトカーでの連行など、八月一五日の靖国は特殊な追憶と幻想の劇場空間となる。それが国内、国外に報道され、各自の靖国像が増幅される。映画は淡々と映像を提示し、何の解説もコメントもしない。隠し撮りではなく、正面から映し出している。観客はそれらの〝群像劇〟から何を読み取るかを静かに問われる。

問いかける映画

首相らの靖国参拝が批判される大きな理由は、靖国が戦争を指導したA級戦犯を祀っていることだった。もともと靖国神社は天皇のために命を落とした「英霊」を祀るために設けられたもので、明治憲法下の価値理念に立脚している。遊就館展示に見られる大東亜戦争肯定論もA級戦犯合祀もその一環といえる。戦後、平和憲法と象徴天皇になっても、不動の姿勢が貫かれている。

社会にそれを受け入れる人々がいて、八月一五日の靖国はそのエネルギー噴出の劇場空間となる。大東亜戦争肯定の人々のコスチュームプレイが展開される。他方で、大東亜戦争否定や合祀反対の意見も錯綜する。その混乱は、まさに日本の側の歴史認識、戦争処理認識の分裂を象徴している。靖国を通して、日本の戦後のあり方が浮き彫りにされる。

靖国問題は戦争後遺症の一つであると監督はいう。それを冷静に提示することによって、映画は日本人の一人ひとりに問いを投げかけている。靖国問題とは何か。中国や韓国との歴史認識のギャップの本質は何か。解決されていない戦争処理、戦争責任とは何か。それらについて考え、答えを出すことによって映画は完成すると監督はいう。日本人ではなく、中国人監督がこの映画を作ったこともその問いに連なるものであろう。

（二〇〇八年八月）

「セデック・バレの真実」台湾植民地支配の暗部

タン・シャンジュー監督　二〇一三年　台湾　一五四分

霧社事件とは何か

日本は一八九五年から一九四五年までの五〇年間、台湾を植民地支配した。その基本は同化政策だった。先住民固有の文化や伝統習俗を否定、日本語教育や日本文化を強要、改名も促した。それはとりわけ台湾の面積の六〇パーセントを占める山地に住む先住民に対して厳しかった。彼らはまだ狩猟と焼畑農業を生活の手段にしていたが、日本当局は地権のない土地は国有化する方針を打ち出し、抵抗を武力で抑えた。

当然さまざまな摩擦や衝突が生じたが、その最大のものが一九三〇年一〇月二七日の霧社事件だった。日本人巡査と先住民の若者とのトラブルが高じ、セデック族マヘボ社のリーダー、モーナ・ルダオを中心とした六つの社（村）の男たち約三〇〇人が蜂起し、駐在所や運動会を襲撃、日本人約一四〇人が殺害される事態が起こった。

日本側は軍隊、航空隊、大砲、毒ガスを動員して報復、鎮圧した。セデック族など蜂起六社の一〇〇〇人以上が殺された。朝鮮、台湾における反植民地運動への飛び火を恐れ、報復はその後も続き、翌年四月二五日には第二次霧社事件が起こった。このときは日本側に協力的な先住民をそそのかして、蜂起側の生き残りを殺害させるというものだった。生存者は川中島（現在の清流）に強制移住させられた。

この映画は霧社事件の真実を探るドキュメンタリーだが、日本を声高に非難するのではなく、遺族や子孫、生存している被害者や加害者、日本人、歴史学者などの発言、インタビューを通して、民族の誇りとアイデンティティを再確認し、植民地支配の問題と矛盾を訴えるものとなっている。

© Engstfeld Film GmbH/BR/WDR/ARTE 2012

植民地支配の矛盾

当時、台湾総督府によるセデック族統治政策は一定の成果を収めていたが、首狩族と恐れられたセデック族の因習は否定された。刺青もそのひとつである。しかし、セデック族にとって、刺青は重要だった。刺青がないと死んでも祖霊の家に帰れない

『餘生～セデック・バレの真実』好評発売中
（劇場公開時のタイトルは「セデック・バレの真実」）
DVD 四八〇〇円＋税
発売・販売元：マクザム

からだ。刺青を彫るためには、女性は布が織れなければならず、男性は首狩りができないといけない。

日本人によって突然、野蛮な風習として刺青を禁止され、セデック族の人々は動揺した。祖霊の家に帰れないということは、生きていく精神的基盤を失うことだからだ。こうした、文化摩擦が高じて蜂起につながったと、インタビューで語られている。

現職の巡査と警察の助手で霧社事件に参加し、事件後、家族とともに自殺した花岡一郎と花岡二郎も、霧社セデック族であり、日本当局が兄弟であるかのように与えた日本名だった。さらに花岡一郎と花岡二郎に日本式の婚礼をあげさせたのである。映画には彼らの遺族も出てくるが、遺書は日本側に都合よく偽造されたものという見解もある。

霧社事件の発端となった日本人巡査と原住民の若者とのトラブルも些細《ささい》なことだった。それも文化摩擦の一例といえる。ただ、その若者がモーナ・ルダオの長男だったことが不幸の始まりになった。植民地支配はこうした文化摩擦への対応によって大きな悲劇を招くことがある。昭和天皇さえも霧社事件の根本には、先住民に対する侮蔑があると漏らしたと伝えられている。

痛みがあっても

セデック族のルーツは山岳にある。しかし、セデック族は霧社事件の後、清流に強制移住させられ、祖霊の地を訪れることができなくなった。そこで父親が二人の息子を連れて祖霊の地へ旅をするところから映画は始まる。

最近はセデック語を話せない若者が多くなっており、部族の存亡に関わった霧社事件の記憶も風化しつつある。霧社事件記念公園や霧社山地抗日蜂起記念碑をつくり、子どもたちに歴史教育を行っているが、大人たちにも同じ事情があった。つらすぎる体験は語り継がれなかったのである。高砂義勇隊も太平洋戦争時日本兵として動員されたセデック族である。

霧社事件でセデック族のほとんどの男性は殺されるか自殺したが、生き残ったモーナ・ルダオの娘の孫が登場している。彼女は子育てが終わった頃、心に封印してきた霧社事件のことを調べようと大学院の門を叩く。台湾先住民であることの自覚と肯定の気持ちが芽生えてきたのである。

多くの人が登場し、霧社事件の断片を拾い集めている。痛みがあっても歴史を知り、記録するのは自分探しでもあるという。自分たちは台湾人、中国人である前にセデック族だという誇りがある。セデック族と政略結婚させられた日本人女性は、長野県の貧農で政府の募集に応じて台湾移住した一族のひとりだったことなども明らかにされる。

再びカメラは緑豊かなセデック族の世界へわれわれを導いていく。夜、親子がキャンプしているとセデック族の象徴である野生の鹿、水鹿《すいろく》の群が現われる。翌日、親子は部族発祥の地プスクニにたどり着き、酒を注ぎ、祖霊を祀《まつ》る。空はどこまでも高い。

（二〇一四年一〇月）

「おかあさんの木」

母親の視点から見た戦争

磯村一路監督　二〇一五年　日本　一一四分

東映の「戦後七〇年記念作品」として製作・公開されたこの映画の原作は、小学校の教科書に採用されてきた大川悦生（一九三〇〜一九九八年）の「おかあさんの木」。民話形式で書かれた文庫本一二ページの短編である。彼自身は一五歳で広島県の江田島海軍予科兵学校に出願するが、入校直前に終戦を迎えた。入校していたら六ヶ月の訓練の後、特攻機に乗せられる予定で、それまでの命と覚悟していた。

この経験が戦争と原爆の悲惨さを伝える終生の仕事に結びついた。原作の「おかあさんの木」は苦労して育てた七人の息子が次々と兵隊にとられ、そのたびにおかあさんは裏の空地に桐の木を植え、息子たちの名前をつけて毎日呼びかけ、無事を祈る。しかし、ようやく戦争が終わったとき、六人の息子は戦死し、五郎だけがやっと生還した。理不尽な戦争に対する無念の思い、息子たちへの熱い心情が伝わってくる。

普通の暮らしを壊す戦争

映画はシンプルなこの民話にさまざまな登場人物を加え、物語をふくらませている。舞台を作者の故郷である長野県の農村に設定し、過去と現代を行き来しながら進行する。冒頭では、土地区画整理事業の関係で七本の桐の木の伐採を計画している役所の職員二人が、伐採の承認を得るためにとある老人ホームに向かう。そこで二人を迎えた老女サユリ（奈良岡朋子）は、「あのおかあさんの木を切ってはいけない」といい、そのいきさつを話し始める。

今から一〇〇年ほど前の長野県の小さな村、ミツ（鈴木京香）は相思相愛の謙次郎（平岳大）とめでたく結ばれる。読み書きができないミツに郵便局員の謙次郎が手紙を読んで聞かせるところが微笑ましい。それは謙次郎がミツに宛てたラブレターだったからだ。

ミツは一郎、二郎、三郎、四郎、五郎と次々に元気な男の子を生む。裕福ではないが、幸せに包まれた生活だった。六人目の誠は懇願されて姉夫婦に里子に出すが、七人目に六郎が生まれ、にぎやかな毎日だった。子どもたちがお汁粉をおかわりする情景や、謙次郎と子どもたちの雪合戦などのシーンがいとおしむように画面に流れる。

やがて謙次郎は心臓発作で急逝し、ミツは六人の子どもと取り残されて苦労を重ねるが、子どもたちの支えで立ち直っていく。しかし、太平洋戦争の勃発で、社会には次第に戦時色が立ち込め、村にもその影が忍び寄ってくる。青年になったミツの子どもたちは次々に兵隊にとられていく。ミツはその都度、庭に桐の木を植え、一郎、二郎、三郎と息子の名前をつけて、無事を祈った。

戦時下の庶民の生活も丁寧に描かれている。徴兵検査の様子や役場の兵事係が召集令状＝赤紙を

『おかあさんの木』好評発売中（DVD）

配達にくるところ、出征の際に村人総出で見送り、万歳三唱をするところ、日清戦争で「死んでもラッパを離さなかった」木口小平のマネをして遊ぶ子どもたち、戦争末期には同じ兵事係が戦死公報と遺骨を納めた白木の箱を届けにくるところなど、現代人のほとんどが知識としてしか知らないことが映像化されている。

「愛国の母」と「非国民」

冒頭の老女サユリは、ただ一人生還した五郎と結婚した、謙次郎の同僚・坂井昌平（田辺誠一）の娘のサユリ（志田未来）である。昌平とサユリはいつもミツのことを心配していた。年月がたち、サユリは五郎を見送り、老人ホームに入っていたのである。

戦争が国策として進められた時代、個人として反対の声を上げることは難しかった。「お国のため」の華々しい出征。ミツも当初は「お国のために手柄」を立ててほしいと思い、桐の木に向かってもそう言う。一郎が白木の箱で帰ったときも、「名誉の戦死」「英霊」と称えられ、人前で涙は見せなかった。

しかし、一郎の木の前では、一郎の苦痛や無念を思い、涙を流す。そして、三人の息子が戦死し、五郎にまで出征の命令が下ったとき、ミツの感情は爆発する。駅で五郎の足元にすがりついて、出征を止めようとし、憲兵に蹴り飛ばされる。「愛国の母」から一転して「非国民」となじられる。このときは、昌平のとりなしで許されたが、庶民が批判も抵抗もできない戦争の実態をのぞかせている。

金属供出命令で村のお寺の釣り鐘まで取り外され、農耕馬も軍馬として戦地に送られたが、そうした追い詰められた総力戦の実態も描かれている。「神州不滅」「忠君愛国」「武運長久」「滅私奉公」一色の時代である。

ミツは息子七人の一人でも生きて帰ってほしいと祈っていた。どこの国、地域にも共通する母親や家族の願いである。戦争は権力者や政府が決定して始めるが、国民の多くは被害者である。著者が育った村にも、父親が戦死した同級生が何人かいた。原作者によれば、戦争経験を民話にしたことや加害者の視点が希薄との批判があったようだが、戦争体験を共有し、戦争を再び起こさないことが最重要事であることは間違いない。

（二〇一五年八月）

「終戦のエンペラー」天皇制はなぜ温存されたか

ピーター・ウェーバー監督　二〇一二年　アメリカ　一〇七分

戦後日本の基本方向に関わる歴史事件を追った映画である。一九四五年八月三〇日に厚木飛行場に到着したGHQ最高司令官のダグラス・マッカーサー（トミー・リー・ジョーンズ）は、軍事秘書のボナー・フェラーズ准将（マシュー・フォックス）に、天皇の戦争責任を一〇日間で調査する極秘の指令を出す。

連合国側、とくにアメリカは天皇の責任を重視し、裁判を望んでいた。しかし、マッカーサーは天皇の逮捕や裁判が、日本国民の激しい反発を招き、占領政策自体が困難になると考え、日本文化の専門家であるフェラーズに調査を命じたのである。

フェラーズは開戦前後の天皇の言動を証言できる人物を探すため、巣鴨拘置所に東條英機（火野正平）を訪ね、証人を選ばせる。東條の意見に従い、開戦直前に首相を辞任した近衛文麿（中村雅俊）に会う。近衛は戦争回避に努力したが、失敗に終わったことを知る。次は天皇に最も近い相談役の内大臣だった木戸幸一（伊武雅刀）に会おうとするが、木戸は自ら指定した場所に現れなかった。

調査は行き詰まったが、宮内次官の関屋貞三郎（夏八木勲）に会い、開戦前の御前会議で平和を願う天皇が詠んだという短歌を教えられる。しかし、証拠としては不十分で、「天皇の無実を示す証拠は皆無」という報告書を提出するよりなくなった。

そこに木戸幸一が深夜、突然訪れ、意外な事実を語り始める。閣僚の降伏受諾是非が拮抗したとき、天皇は受諾の意思表示をし、反対する陸軍を封ずるために玉音放送を録音した。その夜、一〇〇〇人の兵士がクーデターを起こし、皇居が襲撃されたが、かろうじて録音を守り通し、翌八月一五日に放送されたことなどである。証拠や記録はすべて焼却され、証人の多くも自決してしまったが、天皇が戦争を終結させたことは確実とわかる。

「開戦の責任者は分からないが、戦争を終わらせたのは、天皇である。証拠は一〇〇年探しても出てこない。」推論でしかない報告書を受け取ったマッカーサーは、結論を出す前に天皇と会うことを考える。皇居では会えず、天皇がマッカーサーの公邸を訪問する。

関屋貞三郎はフェラーズに、天皇は握手せず、写真も撮らせないことや、終始自分が立ち会うことなどを伝える。しかし、マッカーサーと昭和天皇（片岡孝太郎）の会談はそのようにはならなかった。天皇は自ら言葉を発し、握手に応え、並んで写真撮影に応じた。こうして日本国民には衝撃的な、二人が並んだ記念写真が新聞発表さ

劇場用プログラムから引用

『終戦のエンペラー』好評発売中（DVD、ブルーレイ）

れたのである。

映画はこうした歴史事実と解釈だけではなく、フィクションも加えている。たとえば、フェラーズの恋人のアヤ（初音映莉子）の存在である。大学生の頃、フェラーズは日本からの留学生アヤと恋に落ち、日本を訪問している。アヤは「日本兵の心理」という論文執筆に行き詰まっていたフェラーズにおじの鹿島大将（西田敏行）をひき会わせる。駐在武官としてワシントンに勤務した経験がある鹿島は、本音と建前といった日本人心理の特質や天皇への忠誠心を教える。

触れられていないことも

マッカーサーが一九四八年大統領選を意識し、占領統治成功と早期終結を望んでいたことは確かである。同時にマッカーサーは、支配者ではなく解放者に見られたいとも思っていた。マッカーサーの部下にはフェラーズの任務に批判的なリクター少将などもいた。天皇の責任を問う方が兵士にも本国政府にも覚えがよかったはずだが、そうはしなかった。

このマッカーサーの選択がなければ、戦後日本の再出発は別のものになっていただろう。占領政策には専門家から見てもまだ空白の部分が多いといわれる。その空白部分を徹底的に調査し、フィクションも加えながら、映画化したことは評価される。

プロデューサーの奈良橋陽子にとって関屋貞三郎は祖父に当たり、自らのルーツを探る意義もあったが、アメリカ人も日本人もほとんど知らないフェラーズとその仕事に光を当て、戦争の悲惨さと異文化相互理解の重要さを伝えたかったという。

　天皇制を残したことは、日米双方に都合がよい結果になったが、同時に樹立された日米関係がどう評価されるかは別である。天皇が〝あと一撃〟の戦果にこだわり、降伏受諾が原爆投下以後になったことも触れられていない。

　この映画は、フェラーズの存在と〝功績〟をクローズアップしたことで記憶に残るものとなった。フェラーズに指令を発したマッカーサーが、朝鮮戦争における軍事的暴走と核攻撃の主張でトルーマン大統領に更迭されたことを併せ考えると、歴史は複雑と思わざるを得ない。マッカーサーも自らをエンペラーと考えていたのだろうか。


（二〇一三年一〇月）

第4章　ヒトラーとナチズム

「秋のミルク」ドイツ農村女性とナチズム

ヨゼフ・フィルスマイアー監督　一九八八年　西ドイツ　一一一分

ナチス政権下のあの時代、ドイツ農村の女性たちはどんな考えを持ち、どんな暮らしをしていたのか。町にも村にもナチズムの熱気が渦巻いていたが、多くの農村の女性たちにとって、戦争が好ましいものでなかっただろうことは容易に察しがつく。戦争は男子労働力を奪い、ときには夫や息子の生命をも奪う。生活と労働の負担もずっしりと彼女たちの肩にかかってきたのである。

原作はニーダー・バイエルン地方の小さな村の農婦、アンナ・ヴィムシュナイダーの回想録『秋のミルク』。彼女がミュンヘンにいる高校生の孫娘のために当時の生活や出来事をつづった回想録は、ふとしたことから出版の運びとなり、ドイツ国内で七〇万部以上のベストセラーとなった。イタリア、スウェーデン語など数ヶ国語にも翻訳された。

素朴な農婦の人生の記録がどうしてこのような反響を呼んだのだろうか。それは『秋のミルク』がドイツ現代史を公式的にではなく、農村の片隅の庶民の視点から解きほぐすものだったことがあろう。しかし、それ以上に、貧しく厳しい生活のなかでも毅然とした生活意識とユーモアを忘れず、それらを豊かな叙情と美しいリズムで書き上げたことが人々に感動を与えたようだ。

だからこの作品は「おしん」のドイツ版ではない。アンナは忍従型ではなく、むしろ抵抗型といってよい。暗い時代には違いないのだが、優しく清冽なメロディが全編に流れている。

アンナの恋

一九三八年、ドイツ・バイエルン地方の農村。祝日で農作業から解放された一八歳のアンナは自転車に乗って町へ出る。酒場はラジオのヒトラーの演説に喝采を送る人々でいっぱいだ。しかし、アンナは興味がなく、ナチス式の敬礼も手をケガしているといってごまかし、写真屋のショーウインドーを眺める。そして、アルバートに出会う。

劇場用プログラムから引用

アンナは八人兄弟の長女で、母の死後、八歳から一家の主婦代わりを務めてきた。朝早くから水汲み、食事の支度、お弁当づくり、小さい弟妹の世話、洗濯、掃除、繕い物、編み物、家畜の世話をし、末の弟に朝食を与えてから雪の道を学校へ急ぐ。それらの日々が時折、カットバックで挿入される。厳しい父と貧しい生活。しかし、一家は助け合い、つつましく暮らし、歳月が流れ、アンナは明るく美しい娘に成長した。

アンナ（ダーナ・ヴァブロヴァ）とアルバートは恋に落ちる。アルバートは農業学校を出た農家の青年である。看護婦になるのが夢だったアンナはこうして農家に嫁ぐことになる。新婚一一日目でアルバートに召集令状がくる。留守中、妊娠したアンナは義母の嫁いびりに耐え、体の不自由な三人の老人の面倒をみながら、畑を耕す。

ようやく戦争が終わり、アルバートが帰ってくる。義母は家から出され、アンナに夫と娘との平穏な幸せの時が訪れる。食事の後、久しぶりにアルバートは蓄音機に「カッコー・ワルツ」をかけ、アンナを庭に誘い出していっしょに踊る。結婚前の二人がそうしたように。娘と老人たちが楽しげに見守る。

“秋のミルク”とは

映画はカットバックを多用しているが、最初と最後に当時七二歳の原作者アンナ・ヴィムシュナイダーが雪の道に自転車を引きながら登場している。最初のシーンはそのまま一八歳のアンナが早春の風を切って自転車に乗っている場面へつながり、最後のシーンは庭で「カッコー・ワルツ」に合わせて踊る二人を引き継いでいる。「カッコー・ワルツ」がまだつづいている。

そこに秋のミルク・スープの作り方を説明する現在のアンナの声が重なる。秋のミルクとは発酵した酸っぱいミルクのことだ。その秋のミルク一リットルに小麦粉を加え、同じく一リットルの沸騰している湯に注いでよくかき混ぜ、さらにサワークリームを加えてかき混ぜ、塩を振ると出来上がり。

秋のミルクというタイトルが澄んだ芳醇なイメージを喚起する。カメラマン出身のフィルスマイア一監督は全体を一幅の絵画のように美しい陰影で捉える。戦時中のドイツ国内社会もよく描写されている。ナチスが国策としてすすめた集団労働奉仕や、捕虜にしたポーランド人やロシア人の〝外国人労働力〟で農村の労働力不足を補っていたこと。ナチス党の郡長がその配分をしていたことなど。

映画は反戦映画ではないが、普通のドイツ人、農民、農婦から見たナチスと第二次大戦が淡々と描かれている。それにしてもアンナはシンが強く、明るく魅力的だ。小さいときのアンナは天使のように愛らしい。そのアンナが大人顔負けの家事をこなしている。すぐ下の妹、レースルとは仲が良く、助け合い、話し相手となる。「カッコー・ワルツ」そのもののように素朴でかぐわしい青春映画でもある。

（一九九一年九月）

「名もなきアフリカの地で」迫害されたドイツ系ユダヤ人

カロリーヌ・リンク監督　二〇〇一年　ドイツ　一四一分

ナチスの迫害を受けたドイツ系ユダヤ人の物語である。犠牲になったユダヤ人はポーランドやハンガリーのユダヤ人が圧倒的に多かったが、ナチスが政権をとった一九三三年当時、約五〇万人いたドイツ系ユダヤ人も悲惨な運命をたどっている。第二次世界大戦勃発の一九三九年までに過半数の二八万人以上が国外追放された。

それも全財産を政府に引き渡しての出国だった。残った人たちの一六万から一八万のユダヤ人が抹殺され、一九四五年の終戦時に生き残ったのはわずか三万人足らずといわれている。出国先は北米・南米が最も多く、南アフリカ、上海、パレスチナなどもいた。

この映画の一家が逃れたアフリカのケニアには、一九二〇年代に多くのヨーロッパ人が入植し、一九三九年には約二万三〇〇〇人のヨーロッパ人が住んでいた。彼らの農場で栽培されたトウモロコシは、ケニアの主要輸出作物になるとともに、アフリカ人の主食として広がっていった。アフリカには八〇〇人から一〇〇〇人のドイツ系ユダヤ人が逃れたといわれるが、こうした事実はドイツ国内でもほとんど知られていなかった。

それはユダヤ人迫害に関して、ドイツ人はまず加害者として対外認識される宿命を負っているからでもある。この映画が作られた経緯は、製作のペーター・ヘルマンがシュテファニー・ツヴァイクの少女時代の自伝的小説『見知らぬアフリカ』に出会って感動し、映画化権を獲得したことに始まる。その後、小説はベストセラーになり、著者がドイツに帰ってからのことを書いた『ドイツのどこかで』も同じくベストセラーになった。

©2001 Medien & Television Munchen GmbH, Constantin Film GmbH, Bavaria Film GmbH

この映画が二〇〇一年にドイツ国内で公開されると、ハリウッドの大作映画を抑えて、大ヒットした。ドイツのユダヤ人は、当の祖国から迫害を受けるという二重の深い傷を経験している。監督に起用された「ビヨンド・サイレンス」のカロリーヌ・リンクは、実話の感動を支える真実の映像にこだわり、道路も施設もないケニアでの長期ロケを敢行し、その丁寧な映画づくりで、二〇〇二年アカデミー賞外国語映画賞に輝いている。

『名もなきアフリカの地で』
二〇一六年一一月二日発売
DVD一一四三円＋税
発売・販売元：ギャガ

アフリカで成長する家族

幼いレギーナ（レア・クルカ）と母親のイエッテル（ユリアーネ・ケーラー）が、ナチスの迫害を逃れるため、先にケニアに渡っていた父親のヴァルター（メラーブ・ニニッゼ）が働く農場にやって来たのは、一九三八年の春だった。レギーナはやがてアフリカの生活に順応していくが、上流社会出身のイエッテルは、なじめず、不平不満をつのらせ、夫婦仲もしっくりいかなくなる。

しかし、イエッテルも次第に深刻化していくドイツの状況を知るに及んで、変わっていく。アフリカの生活に前向きに取り組み、嫌っていた農場がかけがえのない生きがいになっていく。この映画はレギーナの成長物語だが、それ以上にイエッテルの成長と夫婦の葛藤《かっとう》、協力の物語でもある。

第二次大戦が始まると、ドイツ人は敵国人として、英国軍に身柄を拘束される。ドイツのユダヤ人迫害は激しさを増し、イエッテルは祖国ドイツを否定するに至る。レギーナは学校に入り、寄宿舎生活を始めるが、ユダヤ人ではあっても、ドイツ人ということで差別を受ける。しかし、レギーナは逆境にもめげず、言葉のハンディも乗り越え、優秀な成績を収め、成長していく。

少し大きくなったレギーナ（カロリーネ・エケルツ）が休暇で帰ってきたとき、イエッテルの母と妹がポーランドに送られるという手紙がくる。それは死を意味していた。ヴァルターの父と妹の消息もとうにわからなくなっていた。

そして、戦争が終わったとき、ヴァルターは再び、判事として祖国新生の役に立ちたいと思うが、イエッテルはドイツに帰ることへの不安をもらす。それぞれの希望と不安を抱えながら、三人はケニアを後にする。

祖国ドイツを許せるのか

この映画はやむを得ず、愛する母国から脱出した家族の物語だが、アフリカの大地も一方の主役である。そのアフリカを象徴するような人物が、料理人のオウア（シデーデ・オンユーロ）だ。ひょうひょうとしていて、人徳とユーモアとプライドを備えたオウアは、まずレギーナと心を通わせ、いつも控え目に一家を見守っている。キクユ族の雨乞いの儀式や、死にかかった老人を放置し、そのまま死なせてやる風習なども印象に残る。

レギーナがイエッテルに、ユダヤ人はなぜ憎まれるのか、と聞くところがある。アフリカに多くを学んだイエッテルは、違いがあることにこそ価値があるのだと諭す。ドイツ人にもユダヤ人にもいろいろな人がいる。だから、迫害を受けたユダヤ人であっても、最後には祖国ドイツを受け入れるのである。

（二〇〇三年一一月）

「帝国オーケストラ」フルトヴェングラーとベルリン・フィル

エンリケ・サンチェス＝ランチ監督　二〇〇八年（ディレクターズカット版）ドイツ　九七分

ドイツのみならず世界の代表的なオーケストラであるベルリン・フィルハーモニー管弦楽団（以下、ベルリン・フィル）が、ヒトラー政権発足の一九三三年から一九四五年の終戦まで、ナチスと特殊な関係にあったことはよく知られている。しかし、それは伝説的な指揮者フルトヴェングラーとナチスとの関係に傾斜して語られることが多かった。

ベルリン・フィルの運営方式や財政事情、演奏環境、一般の楽団員の意識はどうだったのか。この映画は、当時のことを知る二人の楽団員の証言や亡くなった楽団員の近親者へのインタビュー、記録映像などからその真相に迫っている。完成後、この映画は過去を検証し理解するために、二〇〇七年の楽団設立一二五周年記念式典で上映されている。

ベルリン・フィルは一八八二年の設立時から国営、公営の団体ではなく、株主有限責任の会社組織形態の団体だった。企画、財政運営、折衝、リハーサルスケジュールの管理など、すべて自分たちでやっていた。したがって、第一次大戦後の異常なインフレで財政は崩壊寸前となり、一九三三年には今にも倒産という危機に瀕していたのである。

ベルリン・フィルの名声と高度な演奏技術は、ナチス新政権にとって利用価値に富んでいた。宣伝大臣のゲッベルスは、ベルリン・フィルが内外に向けた文化的宣伝に役立つと判断し、財政的支援を決定した。一九三四年一月にドイツ国家はベルリン・フィル経営権の一〇〇パーセントを購入し、楽団員は国家公務員扱いになった。帝国オーケストラの誕生である。

楽団員のうち、ユダヤ人は〝望まれない音楽家〟として脱出、あるいは追放された反面、多数の楽団員はゲッベルスの庇護《ひご》の下で特権的な立場を与えられた。兵役を免除され、高い報酬と立派な

© SV Bilderdienst

楽器が保障された。ベルリン・フィルは戦争とは無縁の存在とされ、第三帝国の文化大使の役割を担った。

一九四五年四月中旬まで会場を換えながら演奏活動が続けられた。一九三六年ベルリン・オリンピック大会のオープニングセレモニーやニュルンベルクでのナチス党大会、国内や占領地での兵士の戦意高揚のための公演もあった。海外ツアーも絶えることなく続けられた。

フルトヴェングラーがベルリン・フィルの首席指揮者（音楽監督）に就任したのは一九二二年である。以後一九五四年に死去するまで、ベルリン・フィルはフルトヴェングラーとともにあった。フルトヴェングラーはナチスと対立して一九三四年に一切の公職を辞任したので、音楽監督としてベルリン・フィルを指揮していたわけではない。しかし、実質的に

音楽監督の任務を果たし、戦後の一九五二年に正式に音楽監督に復帰している。

フルトヴェングラーはベルリン・フィルがその存続のためにナチスの傘下に入ったことを冷静に受け止め、政府や政治には距離を置いて、音楽的自由を守った。ナチスの文化政策に共鳴していたわけではないが、淡々と職務を果たした。

彼は一九三八年のナチス・ドイツのオーストリア併合後、ウィーン・フィル解散を阻止し、一九三九年の第二次大戦勃発後もドイツに残り、国内のユダヤ人音楽家を庇護した。そして、一九四五年二月のウィーン・フィル定期演奏会後にスイスに亡命している。

敗戦後の五月、戦時中のナチス協力を疑われ、演奏禁止処分を受けるが、一九四七年の「非ナチ化」裁判で無罪判決を受け、音楽界に復帰した。彼ほど毀誉褒貶《きよほうへん》に晒《さら》された音楽家は少ないだろう。ナチスの共犯者と非難される一方、高名ゆえに嫉妬や憎悪のターゲットになったスケープゴートだったと擁護もされた。

「フルトヴェングラーの歩んだ政治的な途はナチの文化統制に対する断乎たるプロテストから、ズルズルと『事態』に妥協し屈服して行く過程をまざまざと示している」とする一九五六年の丸山真男「断想」の文意は、どう受け止めるべきだろうか。

音楽と政治の不幸な出会い

映画の語り部となっている楽団員は、九六歳のバイオリニスト、ハンス・バスティアンと八六歳のコントラバス奏者、エーリヒ・ハルトマンである。二人は当時の様子を鮮明に語っている。安全を保障されて変わらない演奏活動を許されながら、内面に抱えていた苦悩や葛藤を昨日のことのように話している。ユダヤ人ゆえに亡命を余儀なくされた楽団員の子どもたちも、写真などの遺品や記憶を手がかりにインタビューに応えている。

存命の二人の楽団員の証言によって、楽団員の目線から見た当時のベルリン・フィルの実像がうかがえる。同時に、伝説の指揮者フルトヴェングラーに率いられたベルリン・フィルの演奏シーンや熱狂的な聴衆、ヒトラー、ゲッベルスなどの映像が相まって、音楽と政治の不幸な出会いが複雑な構図で浮かび上がってくる。

（二〇〇九年一月）

「マイ・ファーザー」ナチス戦犯の父と息子

エジディオ・エローニコ監督　二〇〇三年　伊・ブラジル・ハンガリー合作　一一二分

二〇〇五年五月八日は、ヨーロッパ各地で第二次世界大戦終結六〇周年の記念行事があったが、ベルリンのウォーベライト市長はベルリン、ドイツ、ヨーロッパがナチス独裁から解放された記念すべき日と強調していた。アウシュヴィッツ強制収容所などにおける大量虐殺（ホロコースト）では、ユダヤ人をはじめ六〇〇万もの市民が犠牲になっている。

ナチス犯罪とドイツ人

戦後、ドイツはナチスの犯罪と戦争責任を明確にして、関係各国に謝罪と賠償を行ってきた。しかし、東西ドイツの時代には、米ソ冷戦による日本の逆コースと似た時代状況があり、元ナチスのエリートが政界、法曹、軍部、学界などの要職に復活するケースが続出した。それらが克服されるのは、一九六九年ブラント政権以降である。

同時に注意されるべきは、多数のナチス幹部・残党がアルゼンチンやチリ、ブラジルなどに国外逃亡したことである。ナチスもスペインのフランコもヨーロッパでは孤立していたが、南米の親ナチ政権とは外交関係を保っていたからである。ナチスの秘密組織「オデッサ」によって、五〇〇〇人ものナチ残党がアルゼンチンとチリに逃亡したといわれる。

アイヒマンやバルビーといったナチの大物がアルゼンチンやボリビアで発見、逮捕されたことも生々しい現代史のひとコマだ。ブラジルにも多数のナチス党員が逃れており、その中にはアウシュヴィッツで数々の人体実験、生体実験を行い、「死の天使」と恐れられた戦犯の医師ヨーゼフ・メンゲレもいた。

この映画は、ドイツで弁護士になっているメンゲレの息子が、父の逃亡先のブラジルで一九七七年に密かに会った実話をもとにしている。息子はどのような気持ちを抱いて、父に会いに行ったのだろうか。父子の対面はナチス戦犯とその息子というシリアスな関係をどのように変えたのか、あるいは変えなかったのだろうか。

公開時のチラシ

『マイ・ファーザー』好評発売中（DVD）

映画は一九七七年と一九八五年を行きつ戻りつしながら進行する。一九七七年は息子ヘルマン（トーマス・クレッチマン）が、三〇年以上もブラジルで逃亡生活をしている父メンゲレ（チャールトン・ヘストン）に会いにマナウスへ行った年だ。一九八五年はメンゲレの骨と推測される人骨がマナウスの近郊で見つかって大事件となり、その確認と説明のためにヘルマンがやってきた年である。

このほかに、ヘルマンの少年時代も回想されている。戦犯を父に持ったヘルマンは同級生にいじめられ、教師にも黙殺される。この呪われた名前が人々にいかに恐怖を連想させるかを日々、実感しないわけにはいかなかった。一九七九年にも父の死の知らせを受けて、ブラジルにおもむいている。


ヘルマンは父の口から、アウシュヴィッツでの〝仕事〟の否定や謝罪、後悔を引き出そうとするが、父はその仕事の肯定と確信を繰り返す。遺伝学者として、国家のために使命をまっとうしただけだと主張し、犯罪性を否定、殺人を犯したことはないという。

ヘルマンの失望は絶望に変わり、眠っている父に銃を向けるが、引き金を引くことができない。自分のこめかみに銃口を当てるが、それもできない。こうした葛藤が繰り返され、結局、父を理解できず、父子の関わりを断つようにブラジルを去る。

この父と息子の対立軸に「アマデウス」のサリエリ役でアカデミー賞主演男優賞に輝いたF・マーレイ・エイブラハム演じる弁護士ポール・ミンスキーが、被害者の立場と視点を代表している。一九七七年、七九年のヘルマンの回想は、一九八五年のポール・ミンスキーへの説明として展開されている。

歴史から何を学ぶか

この映画はナチスの犯罪を背負ったドイツ人の心理や苦悩に触れている。その典型的なケースが映画化されているが、これはドイツ人のみならず、われわれ日本人にも関わる問題である。しかし、日本人はドイツ人のように徹底的に戦争犯罪を追及しようとはせず、一億総懺悔《ざんげ》といった曖昧《あいまい》な戦争責任論で問題を糊塗《こと》してしまった。歴史教科書問題や靖国問題の芽がそこにある。

その意味でこの映画のメッセージは重要である。さらにアルツハイマー症を公表していたチャールトン・ヘストンが、俳優生活の総仕上げとしてメンゲレの役を引き受けたことも評価される。メンゲレの悪名は高く、ヨーロッパの俳優は尻込みし、アメリカで探した経緯があったようだ。

人種差別論、アーリア人優越論をかたくなに信奉し、ナチスの犯罪を客観化できなかった父メンゲレと真剣に対決しようとした息子ヘルマンの勇気と苦悩には学ぶべきところが多い。「戦場のピアニスト」や「ヒトラー　最期の一二日間」のトーマス・クレッチマンがそのヘルマン役を好演している。

（二〇〇五年一〇月）

「敵こそ、我が友」

ナチス戦犯バルビーはなぜ生き延びたか

ケヴィン・マクドナルド監督　二〇〇七年　フランス　九〇分

ナチスの高官・戦犯で戦後、南米などに逃亡した人物としては、アウシュヴィッツで数々の人体実験、生体実験を行った医師ヨーゼフ・メンゲレやホロコーストの最高責任者アドルフ・アイヒマンなどが思い出される。クラウス・バルビーもその一人である。

彼は一九一三年、ドイツのノルトライン・ヴェストファーレン州に生まれ、一九三三年にヒトラー・ユーゲント（ヒトラー青年団）に入隊、後にナチス親衛隊のメンバーとなった。彼が〝リヨンの虐殺者〟として名を馳せたのは、対独レジスタンスの拠点だったフランス・リヨンで、親衛隊保安部（ゲシュタポ）の責任者として、辣腕《らつわん》をふるった一九四二～一九四四年である。

ドイツ占領下のリヨンで、バルビーは多数のユダヤ人やレジスタンス活動家を逮捕、拷問、殺害し、絶滅収容所へ強制移送した。ド・ゴール将軍からレジスタンス運動のリーダーに指名されたジャン・ムーランもバルビーによって逮捕され、拷問で死去している。幼い子どもも多く犠牲になっており、情け容赦のない〝リヨンの虐殺者〟と呼ばれた。

戦後、バルビーに手を差し延べたのは、アメリカだった。反共産主義運動専門の工作員として、アメリカ陸軍情報部（ＣＩＣ）が高給で雇用、邸宅も提供した。フランスからの身柄引き渡し要請をかわして、バルビーを庇護するなど自由国家アメリカが、〝敵の敵は味方〟の論理でナチス戦犯のバルビーを利用し、南米への逃亡まで手助けしたのである。

　バルビーは偽名を使い、ボリビアで暗躍する。武器輸出入で極右軍人に接近、コンサルタントとなり、軍事政権発足に関わった。チェ・ゲバラ殺害計画にも関与した。しかし、一九八二年にボリビアが軍事政権から左翼政権に代わり、新内務大臣はバルビーをフランスに強制送還し、ようやく一九八三年、リヨンで念願の裁判が始まった。そして、一九八七年の判決でバルビーは終身禁固刑を宣告され、一九九一年に刑務所内の病院で死去している。

　通常の戦争犯罪の時効は二〇年であり、逃亡中のナチス戦犯は一九六五年に無罪放免となってしまう。それを防ぐためにフランスでは一九六四年に「人道に対する罪」には時効を認めない法律が制定された。これがバルビー裁判を可能にした法律であり、バルビーが最初の適用例となった。

劇場用プログラムから引用

　このドキュメンタリーのサブタイトルは「戦犯クラウス・バルビーの三つの人生」とされている。バルビーが二二歳でナチス親衛隊に所属してから、一九八七年の判決までの五十数年の間の三つの人生を本人や家族、被害者、関係者、歴史家、弁護

『敵こそ、我が友』好評発売中（DVD）

士などの発言、証言、インタビュー、アーカイブ映像、ニュースフィルムなどで綿密に構成している。

第一の人生は、〝リヨンの虐殺者〟の時代、第二は戦後のヨーロッパでアメリカのCICのためにスパイ活動をしていたエージェント・バルビーの時代、第三は、南米ボリビアで偽名クラウス・アルトマンで暗躍した時代、である。多くの被害者がカメラの前でバルビーの残虐さを証言している。他方、バルビーの娘は家庭では優しかったバルビーを弁護し、すべては戦争のせいだという。

歴史学者で伝記作家のニール・アシャーソンは、バルビーはとくに反ユダヤ主義者ではなかったが、貧しい少年時代の反動として、大物になる夢にこだわり、手段を選ばなかった。仲間の見張り役を与えられれば、冷酷にそれをこなし、次第に粗野で残忍なスタイルを身につけていったと分析している。

しかし、バルビーの個人的資質だけでは、彼の三つの人生を説明し尽くすことはできない。そこには今日につながる国際政治の暗部が見え隠れしており、それこそが監督が表現したかったものなのである。

政治的産物としてのバルビー

アメリカがバルビーを利用したのは、八〇年代にアメリカがタリバンやサダム・フセインを軍事援助したことを思い出させる。〝敵の敵は味方〟の論理は普遍的だった。第二次大戦後、ファシズムは消滅せず、新たな冷戦下で利用され続けた、と監督はいう。

元アメリカ合衆国議員のエリザベス・ホルツマン女史も、戦後、自由主義陣営は民主主義者だけで共産主義と戦うことなど考えてもいなかった。〝目的こそ大事〟の論理で、ナチス戦犯まで動員したのよ、いったいどこまでやるのでしょう、と述べている。

前述のニール・アシャーソンもいう。国家とか政府は、残酷な行為や拷問、尋問あるいは殺人のために人々を雇い、それらを拒否し、方向転換するときは別の人々を雇う。バルビーに同情はしないが、目的のために手段を選ばない国家や政府には嫌悪感を禁じえない。バルビーの言葉「あなた方全員が私を必要としたのに、裁かれるのは私ひとり。そこに偽善がある」には同感だ、と。バルビーは政治的産物だったことを知らされる。

（二〇〇八年九月）

「アドルフの画集」 ヒトラーが画家になっていたら？

メノ・メイエス監督　二〇〇二年　ハンガリー・カナダ・イギリス　一〇八分

画学生ヒトラー

一八八九年、ドイツ国境に近いオーストリアの小さな町ブラウナウに生まれたアドルフ・ヒトラーが、画家を目指したことはよく知られている。自分の才能に自信を持っていた彼は、一八歳のとき、意気揚揚とウィーンの造形美術学校絵画科を受験する。しかし、一次試験は受かったものの、二次試験で落とされ、耐えがたいショックを受ける。

学校の記録には「アドルフ・ヒトラー、イン河畔ブラウナウ出身、カトリック、入試絵画不可」とある。同じ年に母クララも亡くし、失意の底にあったヒトラーだったが、翌年の再受験に向けて勉強を再開した。しかし、またも失敗し、以後は学校や教師への不信感と怨念を募らせていく。

美術学校の校長は不合格理由の説明を求められたとき、お世辞に画家よりも建築家に向いているとアドバイスしたが、画家以外の勉強や履修をしてこなかった彼に転換はできなかった。彼はウィーンにとどまり、観光用の絵葉書や水彩画を描いて暮らすようになる。

ヒトラーの画才はどうだったのか。専門家の見解では、彼が描いたウィーンの著名な建築物などは、建築学的には完璧で職人技の熟練が見られる。しかし、細部にこだわるあまり、全体のバランスを失し、何よりも個性と人間への洞察力に欠けているという。

画家になる道を閉ざされながらも、その夢を捨てきれず、ヒトラーは生活のためにドイツ帝国陸軍に志願し、第一次大戦の激戦に参加する。ドイツは戦争に敗退、国王はオランダに亡命、ヒトラーは病院のベッドで敗戦を迎える。映画はそこから始まる。

©2002 JAP Films Kft,AAMPI Inc.,and Natural Nylon Ⅱ Production Limited

画家かデマゴーグか

戦後の混乱し、退廃したミュンヘンで、ヒトラー（ノア・テイラー）はユダヤ人の画商マックス・ロスマン（ジョン・キューザック）と出会う。ロスマンもヒトラーと同じ戦場で右腕を失っており、二人の間にある種の友情が芽生える。画家志望だったロスマンは、ヒトラーを育てようと彼の絵に欠けているものを指摘し、内面の叫びや怒りを描き出すように注文する。ヒトラーもそれに応えようとす

『アドルフの画集』好評発売中
DVD一万円＋税
発売元：東芝エンタテインメント株式会社
販売元：アミューズソフトエンタテインメント株式会社

るが、思うようにいかない。

他方で陸軍上官のマイヤー（ウルリク・トムセン）は、ヒトラーの弁舌の才に目をつけ、宣伝のために演説をすれば、生活の保障をするともちかける。軍部は屈辱的なヴェルサイユ条約を破棄し、新たな戦争を目論んでいた。そして、大衆扇動に利用されたのが、反ユダヤ主義だった。もともと、ヒトラーは反ユダヤ主義者ではなかった。母クララの主治医もユダヤ人の医師だった。それが演説でユダヤ人攻撃の大衆扇動効果が大きいことを実感し、またロスマンのような富裕なユダヤ人への屈折した感情などから、確信犯的な反ユダヤ主義者に変わっていくのである。

ある日、ロスマンはヒトラーのデッサンに注目し、デッサンを中心にした個展を考え、そのための打ち合わせをしようと伝える。ヒトラーはマイヤーに代理の演説を頼まれ、それを最後に、絵に打ち込む決心をする。しかし、あくまでヒトラーをデマゴーグとして利用したいマイヤーは、画家ヒトラーの芽を摘み取ろうと画策する。

ヒトラーは時代の産物か

脚本・監督のメノ・メイエスはオランダ出身で、本作が監督デビューである。ヒトラーはチャップリンの「独裁者」をはじめ、多くの映画やドラマで特異な人物、狂人や怪物のように描かれている。しかし、彼にも平凡な人間的側面があったし、挫折もあった。この映画はとくに青春時代の出口を失った挫折が、後の恐ろしい独裁者への変身に連動している点を検証している。

ヒトラー専属の建築家でナチス党大会などを演出したアルベルト・シュペーアは、「ヒトラーを理解したければ、彼が芸術家であったことをまず理解する必要がある」といっており、監督はこの言葉に刺激されてシナリオを書いた。ヒトラーは自分の演説に酔いしれる群集を目の前にして、政治を芸術にする幻想にとりつかれ、自ら政治家＝芸術家となる道を選んだ。それは挫折した者にしか切り開けない負の芸術だという。

映画は画家になる選択肢を奪われたヒトラーがアジテーター、デマゴーグとして軍内部を上昇していく予兆を描いている。こうして誰もが一度は抱く疑問、〝もし、ヒトラーが美術学校に合格していたら、ホロコーストの悲劇は生まれなかったのではないか〟に密かな回答が寄せられる。それは、いつの時代にもヒトラーになり得る人間は潜在的に存在しているということだ。ヒトラーは特異な存在だが、普遍的な存在でもあったことをこの映画は教えてくれる。

（二〇〇四年五月）

「ヒトラー 最期の12日間」ヒトラーは今も人類のトラウマである

オリヴァー・ヒルシュビーゲル監督　二〇〇四年　ドイツ・イタリア・オーストリア　一五六分

ヒトラーはどう描かれてきたか

ヒトラーは人類史上最悪の人物といっていい。ヨーロッパ諸国を蹂躙《じゅうりん》、都市と文化を破壊、約六〇〇万のユダヤ人を虐殺し、ドイツ国民に長い苦しみを与えた。だから、映画や演劇に登場するヒトラーは、ある種のモンスターか凶暴なパラノイアとして性格づけられ、通常の感覚や常識、知見をもった一人の人間としては描かれなかった。

独裁者が家族や秘書などには優しく、紳士的な横顔もあったというようなことは珍しくはないが、ヒトラーには似合わない。そこがヒトラーたる所以《ゆえん》だった。ヒトラーの人間的な理解は敢えて回避されてきた。しかし、ナチス党員もヒトラーも人間だったことはいうまでもない。彼らの人間性を頭から否定するよりも、人間性を理解することで、その実像がより明らかになるのではないか。

一九五七年生まれのオリヴァー・ヒルシュビーゲル監督はそう考えた。ドイツ人として、ドイツ映画でタブーとされてきたこのテーマを、正面から取り上げる必要性を感じ、二年間にわたってヒトラーの人物像や思想を調べあげた。戦後六〇年を経た今、ヒトラーの実像をドイツ人の手によって描くところに大きな意味があると考えたのである。

そこで原作とされたのが、ドイツの高名なジャーナリストで現代史家でもあるヨアヒム・フェストの『ダウンフォール・ヒトラーの地下要塞における第三帝国最後の日々』と、ヒトラーの秘書として身近に接し、〝歴史の証人〟となったトラウドゥル・ユンゲの『私はヒトラーの秘書だった』である。

©2004 Constantin Film Produktion GmbH

ナチス帝国崩壊のドラマ

ミュンヘン出身のトラウドゥル・ユンゲ（アレクサンドラ・マリア・ララ）がヒトラー（ブルーノ・ガンツ）の個人秘書に選ばれてから、二年半が経過した一九四五年四月、ソ連軍が迫った首都ベルリン。ヒトラーは限られた身内と側近とともに、首相官邸地下の要塞へ退却し、指揮をとっていた。

敗戦必至となり、地上では市民が戦火のなかを逃げ惑っていたが、ヒトラーは軍隊の退却を認めず、弱者は滅びろと叫び、

『ヒトラー～最期の12日間～』好評発売中
DVD一一四三円＋税
発売・販売元：ギャガ

苦言を呈する部下を処刑し、焦土作戦を強行するなど、破滅的な命令を発するばかりだった。そんな絶望的な状況下で、将校や女性たちはアルコールや乱痴気騒ぎに逃避し、退嬰《たいえい》的な空気が支配していた。崩壊を目前にした大組織の断末魔の叫びにあふれていた。

やがてヒトラーも最期を察し、長年の愛人エヴァ・ブラウン（ユリアーネ・ケーラー）と結婚式を挙げ、政治的遺書と私的な遺言をユンゲに口述筆記させ、愛犬ブロンディを毒殺し、青酸カリを嚙み砕くと同時にピストル自殺をする。エヴァ・ブラウンも毒薬を飲む。ゲッベルス夫妻もヒトラーに殉じる。

ヒトラーの日常生活も

ナチス帝国崩壊のドラマとともに、ヒトラーの日常生活をめぐる細部も描写される。ヒトラーは激情し、講和を拒否して玉砕的戦争を強要したが、女性たちには親切だった。ユンゲやゲッベルス夫人と子どもたち、エヴァ・ブラウンらに接するときには表情も柔和になる。総統の仕事のときとは別人のようだが、これもユンゲの証言に基づいている。

ゲッベルス夫人は強烈なナチス信奉者で、ナチス消滅後の世界には未来がないといい、六人の幼い子どもたちの命を次々と自分の手で絶っていく。これらのストーリーはユンゲの目を通して、展開されている。

最後はヒトラー・ユーゲントの少年兵とユンゲが瓦礫《がれき》の街となったベルリンを眺めている。ヒトラーは焼け野原になったベルリンに新しい都市を建設する夢を抱いていたが、二人はようやく訪れた平和と自由の空気に浸っている。

この映画はドイツ国内で多くは好評のうちに迎えられたが、ナチズムやヒトラー批判の視点や、ヒトラーが多くの人を魅了した要因の分析不足なども指摘されたようだ。そもそも人間としてヒトラーを描くことの是非論もあった。しかし、フランス、オランダ、ポーランドでもドイツ映画としては記録的な観客数を動員し、アカデミー賞外国語映画賞にもノミネートされた。イスラエルでは公開是非が論議された後、一般公開された。

ヒトラーを生んだ社会的土壌、ヒトラーの政治的リーダーシップの本質、大衆を陶酔状態にさせる弁舌、そして、その悪魔的所業。ヒトラーは今も人類のトラウマだ。

映画の最後で、八〇歳を過ぎたユンゲが登場し、当時、ナチスとヒトラーの実態を知らず、ホロコーストもニュルンベルク裁判で初めて知ったと告白し、罪悪感に苦しんでいると述べている。身近にいたから、その人物の本質がわかるわけではない。彼女はこの映画の制作を確認するように二〇〇二年に亡くなっている。

（二〇〇五年一一月）

「シャトーブリアンからの手紙」ドイツ占領下フランスの悲劇

フォルカー・シュレンドルフ監督　二〇一二年　フランス・ドイツ　九一分

第二次大戦中、ドイツ占領下でドイツ軍兵士が殺されると、ヒトラーとドイツ軍当局は過剰な報復をした。その都度、多くの罪なき市民が見せしめのために処刑された。これはポーランドをはじめ、どこでもあったことである。この映画では将校（ナント地区ドイツ軍司令官）が殺されたため、激怒したヒトラーはフランス人一五〇人の処刑を望んだ。事件は一九四一年一〇月二〇日に起こった。共産党の若者が実行犯だった。

パリのドイツ軍司令本部はできるだけ穏便に最小限の処刑で済ませたいと思った。フランスとの関係を悪化させたくなかったからである。しかし、そこに強硬派の駐仏ドイツ大使アベッツや、元共産党員で占領軍に協力しているフランス人シャサーニュなど、政治的に暗躍する人物が絡み、事態は深刻化していく。

ターゲットになったのは、ロワール＝アトランティック県、シャトーブリアン郡のショワゼル収容所の政治犯たちだった。そこにはドイツの占領に反対した者や共産主義者などが収容されていた。そのなかに一七歳の少年ギィ・モケ（レオ＝ポール・サルマン）がいた。映画館のさじき席からドイツ占領反対のビラをまいた罪で逮捕されたのだ。文才があり、スポーツにも秀でていた。所内の短距離走レースで優勝するシーンが出てくる。仲良しの大学生のクロード・ラレ（マルタン・ロワズィヨン）もいた。彼は凱旋門でデモに参加して逮捕、収容されたが、三日後に釈放されることになっていた。

シャトーブリアン郡庁では副知事のベルナール・ルコルヌが苦慮していた。ドイツ司令官から人質のリストづくりを命じられるが、一度は拒否した。しかし、一般の〝善良なフランス人〟を犠牲にするのかと迫られ、政治犯が多いショワゼル収容所からの選択を受け入れてしまう。リストづくりをしたのはシャサーニュだった。そこには元同志だった〝政敵〟への屈折した心理があった。

パリではドイツ人作家で大尉のエルンスト・ユンガーが、将軍から事件の文学的記録を命じられる。彼はホテルで女友達のカミーユ（アリエル・ドンバール）に会ったとき、観察者、傍観者にとどまり、助けられる可能性があったのにユダヤ人の子どもを救わなかったことを批判される。

将校暗殺の二日後には〝リスト〟がパリで承認され、シャトーブリアン郡庁に戻ってきた。ルコルヌ副知事はリストを

『シャトーブリアンからの手紙』好評発売中（DVD）

精査して、そこに釈放予定のラレやまだ子どものギィ・モケが含まれていることに驚き、それは重大なミスだとして司令官に修正を要求する。しかし、代わりの犠牲者を自分で選べといわれ、沈黙してしまう。

町に報復処刑の告知文が貼り出され、暗殺実行隊の三人は動揺する。若い実行犯は自首しようとするが、リーダーは党の戦略を配慮して身を隠すように指示する。

こうして時計の針が進み、二七名が名前を呼ばれ、六号棟に集められる。未成年者はもう一人いた。ルコルヌ副知事が一時間後の処刑を告げ、家族への手紙を預かることを約束した。当日、釈放予定だったラレは抗議するが認められず、三〇分だけ妻との面会が許される。誰も責任をとらない行政行為として悲劇は進行する。モヨン神父（ジャン＝ピエール・ダルッサン）が入ってきて、二七名のために祈り、手紙を預かった。

複合的な視点から描く

映画にはフランス人の犠牲を回避、軽減しようと努力するドイツ人が少なからず登場する。他方でドイツ軍に協力するフランス人も出てくる。監督が造形した人物だが、ユンガーを諭すカミーユや、処刑の任務を遂行できず、苦悩する若いドイツ兵も登場する。モヨン神父は実在の人物だが、ルコルヌ副知事に「君も加担していることになぜ気づかないのか」と厳しく問い、話を中断して急かそうとするドイツ兵にも「命令の奴隷になるな、良心の声に従え」と一喝している。

ナント事件では、結果的にシャトーブリアンで二七名、ナントで一六名、パリで五名の計四八名が銃殺されている。事件は各方面に影響を与え、亡命中のド・ゴール将軍も、ヴィシー政府のペタン元帥も声明を発表している。ド・ゴールの声がラジオから流れ、ドイツ兵の死は正当だが、犠牲の大きさを考え、戦争は戦術を知り、責務を負う正規の兵員に任すべきと自重を訴えている。この事件はレジスタンスを加速させた。

監督は「ブリキの太鼓」（一九七九年）で知られるドイツ映画界の巨匠だが、一九五六年の若い時分、フランス・ブルターニュで留学生生活を経験している。まだドイツ占領時代の傷跡が残り、ナチスは激しく非難されていたが、個人的に敵意を向けられることはなく、地域が経験した悲劇を語ってくれたという。ナントの事件もそこで初めて知った。

ギィ・モケたちの手紙は直後にユンガーによってドイツ語に翻訳されていたが、訳文には文学的な表現が加味されていた。その記録を手がかりに、人質とドイツ側の物語を総合して、複合的な視点からシナリオを書くことができたと監督はいっている。

（二〇一四年一一月）

「パリよ、永遠に」パリはいかに破壊から免れたか

フォルカー・シュレンドルフ監督　二〇一四年　フランス・ドイツ　八三分

第二次大戦末期、パリは破壊される運命にあった。戦争開始の翌一九四〇年、フランス共和国最後の首相だったペタン元帥は、ヒトラーと休戦を締結し、ヒトラーに協力した。同時にドイツによるフランス支配が始まった。

パリを訪れたヒトラーはすぐにその虜《とりこ》となった。当時、ヒトラーはベルリンをヨーロッパ支配の拠点・世界都市にする野望を抱いており、パリの美的調和と荘厳さを「偉大なるベルリン計画」に取り入れるように指示したほどだった。特にオペラ座が気に入り、滞在中に二回も訪れた。

しかし、敗色濃厚となり、空襲によってベルリンの崩壊が迫っていた一九四四年七月、ヒトラーは信頼する将軍、ディートリヒ・フォン・コルティッツ（ニエル・アレストリュプ）をパリ防衛司令官に任命、パリを死守し、撤退するときはパリを完全に破壊することを命じた。野望が潰《つい》えた今、美しいパリが生き延びることが許せなかったのである。

周知のように、ヒトラーはワルシャワを完全に破壊した。それはポーランド文化を抹殺し、ポーランド国民の誇りを奪うためだった。パリにはさらに屈折したヒトラーの暗い情熱が向けられ、エッフェル塔、オペラ座、ルーブル宮、ノートルダム寺院、下院など主要建築物に爆発物が仕掛けられた。

ポンヌフ以外の市内三三すべての橋、郊外の橋一〇にも爆薬が仕掛けられた。橋が破壊されると、セーヌ川の流れがせき止められ、パリ市街のほとんどが水没してしまう。主要な公共建築物やランドマーク、コンコルド広場、凱旋門も一瞬にして瓦礫の山となる。二〇分以内ですべての破壊作業が遂行される計算だった。

©2014Film Oblige-Gaumont-Blueprint Film-Arte France Cinema

パリを救うための必死の交渉

パリの運命を左右したのは、一九四四年八月二五日の深夜である。コルティッツが陣取るホテルの部屋に秘密の階段を上ってスウェーデン総領事ラウル・ノルドリンク（アンドレ・デュソリエ）が現れる。彼はスウェーデン人だが、パリで生まれ育ち、誰よりもパリを愛している。それ以上にパリは世界のもの、人類の遺産と信じていた。

爆破の指揮権限を持っているコルティッツを説得して、パ

『パリよ、永遠に』好評発売中
DVD三九〇〇円＋税
ブルーレイ四八〇〇円＋税
発売元：日活
販売元：ハピネット

リを破壊から守るために、ノルドリンクは必死の交渉を開始する。しかし、司令官として総統の命令に服従しなければならないコルティッツが簡単に応じるわけはない。

コルティッツはヒトラー暗殺計画に加担しなかったために、パリ防衛司令官に任命されたのだが、最高司令部で見た総統は、以前に比べ見る影もない異常な状態だった。だから無用な流血や破壊は避けたい気持ちはあるが、パリ赴任前日に公布された親族連座法（ジッペンハフト）があり、命令に服従するほかはない。命令に背いてパリを爆破しなければ、愛する家族が処刑されてしまう。

ノルドリンクは諦めず、言葉を尽くして、説得を試みる。息詰まる展開だ。連合軍二個師団がパリに迫り、レジスタンス運動が活発化して、砲撃や手榴弾でビルが振動する。前線が次々に突破されたという部下の報告が入る。

それでも「無条件降伏」と「パリを無傷で明け渡す」という提案を、コルティッツはなかなか受け入れようとしない。ノルドリンクは説得を続ける。ドイツ人、軍人としてではなく、人間として決断してほしい。もし、パリを破壊したら、未来のドイツとフランスの関係も破壊されてしまう。あなたには世界の未来を考慮する義務がある。

もし瓦礫の山になっていたら

夜明けにコルティッツは持病の喘息の発作を起こす。薬がある引き出しには拳銃も入っていたが、ノルドリンクは薬を飲ませ、コルティッツを救う。そして、落ち着いたときに、妻子の安全を必ず確保するという約束をし、ついに破壊は中止されるのである。

本作品はフランスで大ヒットしたシリル・ジェリー原作の舞台"Diplomatie"(外交)の映画化で、舞台で主役のふたりが共演している。ほとんどホテルの部屋のシーンが中心だが、時折、窓からパリ市街が俯瞰《ふかん》される。夜のパリは二〇〇万人もの市民が生活しているかけがえのなさを物語り、破壊から免れた朝のパリは安堵と希望に満ちているようだ。

パリがもし、瓦礫の山になっていたら、ヨーロッパのみならず、世界にとってどれほどのダメージになっていただろう。憎しみの連鎖はフランスとドイツの和解と共存を困難にし、ECもEUも生まれなかっただろう。パリは世界で最も美しい都市であると同時に、人類の文化と叡知のシンボル、代名詞でもあるのだ。

コルティッツはイギリスの捕虜収容所に収容された後、一九四七年に釈放され、妻と三人の子どもは無事だった。ノルドリンクとは一九五五年にパリで再会している。

(二〇一五年四月)

「顔のないヒトラーたち」

ドイツ人の戦争責任と歴史認識

ジュリオ・リッチャレッリ監督　二〇一四年　ドイツ　一二三分

今では考えられないことだが、終戦から十余年後の一九五八年当時、経済復興の波に乗っていた西ドイツでは、戦争の記憶は薄れ、アウシュヴィッツさえもが忘れ去られようとしていた。そこには忌まわしい過去を封印したい国民意識があったことも確かである。ナチスに関わった多くの人々は過去を闇に葬り、個人の生活を守ろうと必死だった。

当時、米軍のドキュメントセンターには、ナチス親衛隊（SS）六〇万人分のファイルがあり、そのうち、八〇〇〇人がアウシュヴィッツで働いていたことがわかっていた。新進の検事ヨハン・ラドマン（アレクサンダー・フェーリング）は、ジャーナリストのトーマス・グニルカ（アンドレ・シマンスキ）が告発した元親衛隊のアロイス・シュルツが違法に教師をしていることに関心を示す。しかし同僚の検事たちは誰一人として耳を貸さなかった。

外務省や警察、法務省など政府機関内にも多くの元ナチ党員が潜んでいたが、それも証拠がなければ戦争犯罪者として裁くことはできない。ドイツでは日本の東京裁判に当たる連合国による国際軍事裁判（ニュルンベルク裁判）が一九四五年から一九四六年にかけて開かれ、一定数の戦争犯罪者が裁かれている。しかし、相当数のナチ幹部が敗戦前に国外逃亡しており、なおかつ「死の天使」と恐れられたメンゲレ医師のようにドイツ政界に特別扱いされている人物もいた。彼は定期的に帰国していたが、逮捕されることはなかった。つまり、国に守られていたのである。

　一九五八年当時はドイツ人自身による戦争犯罪の追及はされておらず、その動きもなかった。ナチスの暗い影は隠蔽《いんぺい》され、触れないことが暗黙の合意になっていた。アウシュヴィッツ自体を知らない国民がほとんどだった。検察も敢えて動かない。若者に自分たちの祖父や父親が殺人者だったことを明らかにして何の利益があるのかと考えられていた。メンゲレ医師と同様に南米に逃れていたアイヒマンを逮捕し、裁判にかけたのはドイツではなく、イスラエルである。

アウシュヴィッツ裁判まで

　映画はヨハンが検事総長フリッツ・バウアー（ゲルト・フォス）の信頼を得て、極めて困難な状況下でさまざまな障害を克服し、ドイツ人がドイツ人を裁いた

『顔のないヒトラーたち』好評発売中
DVD三八〇〇円＋税
発売元：アット エンタテインメント
販売元：TCエンタテインメント

アウシュヴィッツ裁判（一九六三年一二月二〇日〜一九六五年八月一〇日、フランクフルト）に至るまでを描いている。

グニルカの友人で元アウシュヴィッツ収容者のシモンがアウシュヴィッツから持ち帰った実名入りの親衛隊員の資料が重要な手掛かりとなり、ヨハンはバウアーに報告する。バウアーはユダヤ人でナチスに迫害された過去があった。役所を出れば偏見や差別がまだ残っていた。バウアーは検察組織の大半の反対を押し切ってヨハンに調査を命じた。チームは四人というごく少人数で、八〇〇〇人もの個人ファイルの分析に取りかかった。

映画はヨハンを英雄として描いてはいない。ヨハン自身も悩んでいる。善人で良き隣人である人々がアウシュヴィッツに関わっていたことを知り、ショックを受ける。さらに自分の父親もナチ党員だったことを母から聞いて、絶望的になり、一度は検事を辞任する。ナチ党員は一〇〇〇万人もいたといわれ、戦後は一般市民の顔で生活していた。「顔のないヒトラーたち」というタイトルの背景である。

こうした紆余曲折の五年余の準備期間を経て、一九六三年から一九六五年にかけて、西ドイツ・フランクフルトで裁判が開かれ、ホロコーストに関わった二二人がドイツ人自身によって裁かれたのである。これがいわゆるアウシュヴィッツ裁判であるが、戦後七〇年の今日、アウシュヴィッツ裁判自体を知らない人が多くなり、この映画を制作する意味があった。アウシュヴィッツ裁判の初めての映画化であるが、エンタテイメント性も加味し、広くアピールする作品にしている。

日本の場合はどうか

アウシュヴィッツ裁判はドイツ人の歴史認識を変えた裁判といわれる。バウアーとグニルカは実在の人物だが、ヨハンは実際に調査に携わった三人の検事を集約した架空の人物とされる。

こうしてドイツは自国の戦争犯罪者を司法の場で裁いた世界で初めての国になった。ナチスの犯罪を直視し、被害者に謝罪することが国是となった。フランスはじめ周辺のヨーロッパ諸国との和解と共存政策は、アウシュヴィッツ裁判を抜きにしては語れない。

西ドイツは一九七九年に悪質で計画的な殺人については時効を廃止し、現在も毎年のように九〇歳以上の元親衛隊員が逮捕され、裁判が行われている。法律解釈を厳しくし、ナチスの収容所で働いていたことが立証されると、殺人幇助《ほうじょ》と断定される。

対して日本の場合はどうか。日本の司法当局が日本人を訴追したことはなく、戦争犯罪の追及は東京裁判だけで終わっている。

自国の戦争犯罪と真摯に向き合わない日本は、戦後七〇年を経ても、中国や韓国との真の和解が得られず、相互の歴史認識の溝を深めている。ドイツに学ぶところは大きい。（二〇一六年一月）

第5章　ホロコースト・強制収容所の諸相

「ナチス、偽りの楽園」

偽装された宣伝用強制収容所

マルコム・クラーク監督　二〇〇三年　アメリカ　九三分

サブタイトルが「ハリウッドに行かなかった天才」となっているが、この天才とはクルト・ゲロン（一八九七～一九四四年）のことである。彼はドイツ系ユダヤ人としてベルリンに生まれ、一九二〇年代から三〇年代にかけて、コメディ俳優、映画監督として絶大な人気を博した。

もともと医師志望だったが、ベルリンでショービジネスの世界のとりこになり、一九二〇年に舞台俳優になった。太ったユーモラスなキャラクターでさまざまな作品に出演したが、「嘆きの天使」ではマレーネ・ディートリッヒと共演している。舞台でも「三文オペラ」の主役を務めた。

ハリウッドにも招かれたが、断ってヨーロッパに留まり、ナチスから逃れて、フランスやオランダで俳優・監督として活躍した。ハリウッドに行っていれば、後半生の悲劇は避けられたかも知れない。断った理由は、ファーストクラスの船便が用意されていなかったためともいわれている。

テレージエンシュタット収容所

彼はついにオランダでドイツ軍に捕らわれてしまう。送られたのは、ナチスがチェコ北部の保護領に造ったテレージエンシュタット収容所である。そこで当初、彼は収容者の慰安のためにキャバレーを運営することになった。

ナチスの強制収容所で最も知られているのは、アウシュヴィッツ強制収容所であろう。そのほかにも収容所はあったが、このテレージエンシュタット収容所は少し変わっていた。この収容所は、ユダヤ人ゲットーとゲシュタポ刑務所からなっていた。ゲットーには一九四一年一一月二四日から一九四五年四月二〇日までの間に総計一四万人以上のユダヤ人が連行され、そのうち三万三〇〇〇人以上がそこで死亡している。

注意されるのは、八万八〇〇〇人がここから別の場所に移送されていることである。ゲットーというより通過収容所の性格が強かったのである。もともとここは小さな要塞都市だった。俯瞰《ふかん》写真を見るとこぎれいな小都市そのものである。ここで暮らしていたチェコ人を疎開させ、ユダヤ人を連れてきたのである。

連行されてきたユダヤ人には二種類あり、一方はユダヤ人組織の役員や名士、第一次大戦でドイツ軍やオーストリア軍に従軍して勲章を受けたか、負傷した者、非ユ

『ナチス、偽りの楽園』好評発売中
DVD四七〇〇円＋税
発売元：Dream One Films

ダヤ人と結婚している者、あるいは六五歳以上の高齢者といった、いわゆる「特権的ユダヤ系ドイツ人」で、他方は保護領在住のユダヤ人である。

「特権的ユダヤ系ドイツ人」の中には、テレージエンシュタット収容所では特別待遇を受けられるという幻想を抱く者もいたが、現実は古い兵舎と栄養不良、劣悪な衛生状態で、その環境に耐えられず、死亡者が相次いだ。高齢者をはじめ、初期にはほぼ半数が死亡している。彼らがアウシュヴィッツなどに移送されないという原則も、戦争後期には適用されなくなり、容赦なく強制収容所へ送られた。

収容所とプロパガンダ映画

ドイツは一九四四年六月二三日にテレージエンシュタット収容所をデンマーク赤十字社と国際赤十字社に公開した。公開日に合わせて、テレージエンシュタットの美化が進められた。ゲットーの名を廃して、「ユダヤ人入植地」と変更し、建物が新築され、壁が塗り変えられ、庭園も造られた。銀行や特別の紙幣、カフェやコンサートホール、子どもの遊び場まで造られた。

過密減少のため、五月に七五〇三人がアウシュヴィッツ強制収容所へ移送され、赤十字社査察官が到着する日には広場でサッカーの試合が行われ、公民館では子どもたちのオペラが演じられた。こうした偽装工作で赤十字社を騙《だま》し、国際社会を欺いたのである。

一九四四年八月から九月にかけてドイツはテレージエンシュタット収容所の記録映画撮影を行っ

た。この監督を命じられたのが、クルト・ゲロンである。赤十字社を騙した偽装がそのまま映像化されている。遊んでいる子どもたちは一見楽しそうに見えるが、心からの笑顔でないことは容易に察しがつく。

クルト・ゲロンはナチスのためではあったが、映画づくりに誇りを持って最善を尽くした。フィルムは「テレージエンシュタット、ユダヤ人入植地からのドキュメンタリー」「指導者はユダヤ人にひとつの街を与える」と題される予定だった。撮影は終了したが、映画は完成しなかった。断片のみが残っているだけである。

撮影終了後、彼はアウシュヴィッツ強制収容所へ送られ、到着後すぐ処刑されたという。この映画は歴史に翻弄された悲劇の映画人に光を当てた貴重なドキュメンタリーである。

二〇〇三年アカデミー賞長編ドキュメンタリー部門にノミネートされているが、それはクルト・ゲロンの非凡な才能を物語ってもいる。アメリカの主要なホロコースト博物館では、この映画が定期的に上映されているという。

（二〇一一年七月）

「灰の記憶」収容所専属ユダヤ人労働者の反乱

ティム・ブレイク・ネルソン監督　二〇〇一年　アメリカ　一〇九分

イラク戦争と時期が重なり、複雑な空気のなかで発表された第七五回アカデミー賞で監督賞、主演男優賞、脚本賞などを受賞して話題になったロマン・ポランスキー監督の「戦場のピアニスト」とこの作品には、いくつかの共通点がある。

まず、両作品ともポーランドにおけるユダヤ人大虐殺・ホロコーストに関わる実話に基づいていることである。「戦場のピアニスト」は、ピアニスト、シュピルマンの回想録、本作は収容所で人体実験に従事させられたユダヤ人医師、ミクロシュ・ニスリの手記だ。

二つ目は収容所のユダヤ人によるナチスへの反乱、蜂起がドラマの重要な展開に関係していることである。「戦場のピアニスト」では、一九四三年四月から五月にかけてのワルシャワ・ゲットーでの反乱、本作では、一九四四年一〇月のアウシュヴィッツ絶滅収容所における反乱である。いずれも弾圧され、ほとんどのユダヤ人が虐殺されている。

監督自身が収容所生活を経験していたり、肉親を失っていたり、ユダヤ人であったりして、テーマに対する特別の思いがあることは両作品ともいうまでもない。最後の共通点としては、ナチスに利用され、虐殺に手を貸したユダヤ人の存在に光を当てていることである。「戦場のピアニスト」では、主に裕福なユダヤ人によるユダヤ人評議会・警察がナチスの手先になり、同胞に、つらい卑劣な仕打ちをした。ワルシャワ・ゲットーには五〇〇〇人のユダヤ人警察官がいたという。

ゾンダーコマンドとは

本作にはゾンダーコマンド（ドイツ語で特別労務班員）が登場する。ガス殺人がスムーズに行われるように、同胞をガス室に誘導し、遺体を片付けて、金歯を抜き取り、髪の毛を刈り取って、焼却炉に送り込む一連の処理作業に従事した収容所専属のユダヤ人労働者たちである。彼らは他の収容者から隔離され、食事などで特別待遇を受けていたが、四ヶ月延命できただけだった。

本作の舞台になっているアウシュヴィッツ第二収容所ビルケナウ収容所には、ピーク時の一九四四年八月で九〇四名のゾンダーコマンドがいた。両作品とも、ナチスは特定のユダヤ人に究極の選択を強制し、大量虐殺の実作業に同じユダヤ人を利用するという狡猾、残酷な政策をとっていたのである。

一九四四年、ソ連のポーランド侵攻がラジオなどから伝えられ、ビルケナウ収容所でゾンダーコマンドとして働いていたユダヤ人たちは密かに反乱の計画を立てていた。少しずつ火薬を集め、厳しい監視の目をくぐって運搬、貯蔵して蜂起に備えていた。目的は毎日、ユダヤ人の死体を焼却している巨大な焼却炉の破壊だった。

『灰の記憶』好評発売中（DVD）

彼らコマンドたちの生き残りは世界でも数名のみといわれるが、彼らも良心の呵責《かしゃく》と絶望感のなかで任務を遂行していたのである。最後の抵抗ができるのは自分たちだけであり、それはまた自分たちの責務と感じていた。しかし、水面下の動きを察知したナチスのムスフェルド軍曹（ハーヴェイ・カイテル）は、厳しい取り調べをし、ときには容赦なく射殺して暴動を阻止しようとした。残酷な拷問が毎日のように行われていた。

ムスフェルド軍曹はドイツ人医師メンゲレのもとで、人体実験などに従事させられていたユダヤ人医師ミクロシュ・ニスリ（アラン・コーデュナー）に情報の提供を要求する。ニスリも妻子の命と引き換えに、やむなく収容所の仕事を手伝っていたのであり、ユダヤ人との間でジレンマに襲われる。

ある日、ガス室から運び出した死体の中に息をしている少女を見つけたコマンドたちは、ニスリに手当てを頼み、一命を救う。少女をかくまうことは危険過ぎたが、少女の存在がかすかな希望の灯となり、危険を顧みずに、暴動へと突き進むのである。

事実と細部にこだわる

脚本、編集も担当している監督は、ニスリの手記『アウシュヴィッツ、ある医者の目撃談』を読んで感動し、「グレー・ゾーン」と題して一九九六年に舞台化している。彼は俳優の傍ら、監督、脚本家としても活躍しており、本作は三作目に当たる。監督は事実にこだわり、ブルガリアに当時、ナチスが建てたものと同じ設計図で収容所やガス室、焼却場を作り、撮影した。これらのセットは撮影終了と同時に取り壊されている。

コマンドたちはリーダーのホフマンをはじめユダヤ系ハンガリー人で、アウシュヴィッツはポーランドの外れにあるが、収容され、最大の犠牲者となったのは彼らだった。コマンドやユダヤ人医師の存在はこれまでほとんど取り上げられておらず、この映画は重く、貴重なメッセージを発信している。また、奇跡的に助かったごく少数のコマンドも、戦後、自殺や発狂、廃人に追い込まれる「記憶の地獄」に苛《さいな》まれた人が多かったという。

（二〇〇三年五月）

「ヒトラーの贋札」贋札作戦に動員されたユダヤ人

シュテファン・ルツォヴィツキー監督　二〇〇六年　ドイツ・オーストリア　九六分

第二次大戦中、ナチスはポンドやドルの贋札《にせさつ》を作っていた。まず、ポンドから始めたが、理由はイギリス経済を混乱に陥らせ、ドイツが中立国から武器や物資を調達し、スパイ・工作活動を行う資金にするためだった。加えて、当時の基軸通貨だったポンドの高額紙幣のデザインは一七世紀以来基本的に変わらず、片面印刷の比較的偽造しやすいものだったことも背景にあった。

この秘密工作は指揮官の名前をとって、「ベルンハルト作戦」と呼ばれた。当初、小規模に行われたこの作戦が本格的に遂行されるようになったのは、一九四〇年にベルリン郊外のザクセンハウゼン収容所にフル装備の贋札工場が作られてからである。その作業に従事させられたのは、ユダヤ人だった。各地から印刷や製版技術、銀行業などのユダヤ人専門家が動員され、その数は一九四四年には一四四人に達したといわれる。

究極のジレンマ

贋札は高品質で、紙質の感触もよく、イングランド銀行の行員さえも見抜けないほどの出来映えだった。そこでドイツは大量生産に着手する。当時のイングランド銀行の発行量の約一割もの贋札が製造された。しかし、実際に使用されたポンド券は少なかったと見られている。また、大戦末期にはナチス上層部からドル札の偽造要請があり、それにも対応を余儀なくされたが、ドル札は偽造が難しく、大量生産には至らなかった。

連合軍がベルリンに迫り、ナチスは工場を閉鎖し、贋札と印刷原版・機材、機密文書などをオーストリアの山岳地帯に運び、トプリッツ湖に沈めた。戦後の一九五九年にかつての親衛隊員の情報から、湖底の木箱が回収され、贋札作戦の存在が明らかになった。

Ⓒ2006 Aichholzer Film & magnolia Filmproduktion Alle Rechte vorbehalten

『ヒトラーの贋札』好評発売中
DVD三八〇〇円＋税
発売元：クロックワークス
販売元：東宝

この映画は、ナチスの秘密工作に強制的に従事させられたユダヤ人の視点から描かれている。彼らは仕事がうまくいけばナチスを有利にして同胞を苦しめることになり、サボタージュが発覚すれば、直ちに処刑という究極のジレンマに苦悩したのである。

矛盾を抱えた強制任務

ユダヤ系ロシア人で世界的贋作師のサロモン・ソロヴィッツ、通称サリー（カール・マルコヴィクス）がドイツ犯罪捜査局に捕まったのは一九三六年。彼はマウトハウゼン収容所に送られ、もう始まっていたホロコーストの犠牲者になりかかる。しかし、絵の才能を認められ、親衛隊幹部の肖像画やプロパガンダ壁画を描くお抱え絵師のようになって、生きながらえていたある日、ザクセンハウゼン収容所に移送される。腕を見込まれ、「ベルンハルト」作戦に動員されたのである。

贋札工場は一般の囚人棟から完全に隔離された一郭にあり、各地の収容所から集められたプロのユダヤ人たちが働いていた。そこではふかふかのベッドと温かい食事が用意され、音楽も流れている。壁の外ではユダヤ人が些細なことで処刑されるような悲惨な生活を送っており、文字通りの別世界だった。

しかし、任務がうまくいかなければ死が、うまくいっても最後には秘密保持のために死が待っていることは明らかだった。ユダヤ系スロバキア人の印刷技師アドルフ・ブルガー（アウグスト・ディール）はできる限りの抵抗をする。サリーは無駄死にになるとブルガーをなだめながら、ドル札の偽造を急ぐ。期日までに完成しないと、ブルガーを含む五名の仲間が銃殺されてしまうのだ。

偽ドル札が完成した数日後、連合軍が迫り、ナチスは撤退する。工場の扉を破ったのは囚人のユダヤ人たちだった。きれいな身なりのサリーたちはドイツ人と思われ、攻撃されそうになるが、収容所の囚人番号の刺青を見せてやっと理解される。

事実を葬り去らない

サリーとブルガーには実在のモデルがいた。奇跡的に助かって戦後を生き延びたアドルフ・ブルガーは、二度とこうした悲劇を繰り返さないために、作家、ジャーナリストとして、若い世代に語りかけてきた。公開に際して来日した九〇歳のブルガー氏は、六〇年代に「ホロコーストはなかった」といったデマが広がり、危機感を覚えて自著を著し、真実を訴えつづけてきたという。

ナチスの悪行や強制収容所を描いた映画は多い。しかし、噂としてはあったが、事実的確認が遅れた贋札作戦、しかもそれをユダヤ人の視点から描いた映画は初めてである。監督はドキュメンタリーのような精密さで贋札作戦の全貌を再現しているが、その重い事実を単に提示しているのではない。

戦後、サリーがモンテカルロに現れ、高級カジノで贋札を使い果たし、ビーチを歩くシーンがあるが、そこにはコンチネンタル・タンゴが流れ、美女が寄り添う。監督が心がけたのは、エキサイティングでエンターテインメント性のある映画にすることだった。映画の全編にそうした工夫が見られ、シリアスながら軽妙で洒落た味わいがある。

（二〇〇八年四月）

「あの日 あの時 愛の記憶」アウシュヴィッツ脱走者三九年目の再会

アンナ・ジャスティス監督 二〇一一年 ドイツ 一一一分

一九四四年アウシュヴィッツ

アウシュヴィッツ強制収容所では約六〇〇件の脱出事件があり、その三分の一が成功したという。驚くべき数字である。しかし、脱出できた人たちは特殊な存在だった。たとえば、ユダヤ人ではなく、食品や日用品の管理や配分に関わり、デスクワークが多い政治犯などで、拘束がゆるやかで自由にできる時間があった。ナチス親衛隊の制服や通行証を盗み、偽装文書を入手する機会もあり、それらが脱走を可能にしたのである。

この映画のポーランド人トマシュ（マテウス・ダミエッキ）もそうだった。彼はレジスタンス活動家であり、収容所の実態を映したフィルムのネガを外部機関に届ける任務を負い、仲間のサポートで脱出に成功する。ドラマティックな展開は、彼が恋人のユダヤ人女囚ハンナ（アリス・ドワイヤー）を連れて脱走したことから始まる。

二人は厳しいナチスの追手をかわし、トマシュの実家にたどり着くが、屋敷はドイツ軍に接収されていた。トマシュは任務のために、二日で戻ると言い残しワルシャワへ旅立つ。ハンナはトマシュの兄チェスワフの妻マグダレーナの家に身を隠す。しかしトマシュは戻らなかった。数ヵ月後、帰ってきたチェスワフは、トマシュは死亡したに違いないというが、ハンナは信じなかった。

ポーランドではドイツ軍の後はソ連軍が猛威を奮った。ソ連軍は反ソ的なレジスタンス活動家を次々と連行した。チェスワフとマグダレーナも連行された。それを逃れたハンナはトマシュへの手紙を書き残して、雪原に逃亡する。そして、疲労で倒れたところを偶然通りかかった赤十字社の車に救われる。他方、ようやく帰ってきたトマシュは、ハンナを嫌悪する母親からハンナは病死したと知らされる。

一九七六年ニューヨーク

アメリカに渡って結婚し、夫と娘と幸せな日々を送っているハンナ（ダグマー・マンツェル）。彼女は一九四六年に赤十字社にトマシュの捜索を依頼したが、推定死亡の連絡を受けていた。しかし、命の恩人であり、恋人でもあったトマシュの存在は心の中から消し難く、自分だけが生き延びている罪悪感にも襲われ、心身不調を繰り

『あの日 あの時 愛の記憶』好評発売中
DVD三八〇〇円+税
発売元：株式会社クレストインターナショナル
販売元：アルバトロス株式会社

返していた。夫はそれを理解し、優しく見守っていた。

ある日、ハンナはクリーニング店で、テレビから流れてきた忘れられない声を聞く。死亡したはずのトマシュがインタビューを受けているではないか。さっそく赤十字社に再調査を依頼すると、しばらくしてトマシュは生存しており、ポーランドの地方都市ルィンスクで教師をしているとの知らせを受けた。

ハンナはトマシュに電話する。トマシュは信じない。二度目の電話で、母がウソを言ったことを知り、困惑する。ハンナは夫の了解を得て、ポーランドへ向かう。ワルシャワから長距離バスに乗りルィンスクへ着く。バスを降り、迎えに来たトマシュを認め、歩み寄る。

白い花束を用意したトマシュと立ち止まるハンナ。午後の淡い日差しの中にふたりの安堵と痛恨の思いが伝わる。

映画は一九四四年と一九七六年を頻繁に往復しながら進行する。この映画は実話に基づいているが、それにフィクションを交えて脚本が書かれている。三九年後に再会した実在の二人は、その後一五回再会を重ね、生涯良き友人だったという。映画では二人のその後には触れられていない。

知ることにより解放される

ハンナはニューヨークを発つとき、夫に向けて「最愛の人はあなたよ。もう私は過去に囚われないわ」と手紙に書いている。トマシュが生きていたことを知ったからこそ、彼女は自由になれたのだ。失われた時間は戻らないが、再会によって過去から解放され、これまで築き上げた生活を否定することなく、平穏になれた。つまり、彼女の内なる戦争がやっと終わったのである。

戦争による類似の悲劇は数限りなくあっただろう。アウシュヴィッツ収容所はそのシンボルといえる。しかし、究極の絶滅収容所だったアウシュヴィッツにもこうした事実があったことはあまり知られていない。映画と同じように脱出に成功したカップルが四組いたという記録があり、あのような極限状況で愛し合った恋人たちが少なからずいたことも貴重な事実として迫ってくる。

トマシュには重要な任務があったのに脱走が失敗しかねない危険を冒してハンナを伴ったのはなぜだろう。極限状況であれ、愛の力の深遠さを想起するべきだろうか。

アンナ監督と脚本を書いたパメラ・カッツは、アウシュヴィッツ収容所を訪れ、何百もの生存者たちの証言を読み、インタビューを聞き、徹底的なリサーチを重ねて脚本を作り上げていった。ふたりの女性のこまやかな視点がよく反映されている。

冒頭、スクリーンに表示される映画の原題は、ポーランド語では「探しているのに見つからない時間」、ドイツ語では「失われた時間」、英語では「記憶」である。

（二〇一二年一一月）

「ソハの地下水道」 普通の人がなぜユダヤ人を救ったのか

アグニェシュカ・ホランド監督　二〇一一年　ドイツ・ポーランド　一四五分

ナチスによるホロコーストの悲劇は多様な角度から映画化されてきた。この作品が新たな視点を提供している一つは、地下水道が逃亡経路ではなく、避難生活の場所になっていることである。もう一つは、ごく平凡で、善人とさえいえない人物がユダヤ人を救っていることである。

オーストラリア出身の作家ロバート・マーシャルは、BBCのプロデューサー時代の一九八八年に、強制収容所の生存者の一人が残した回想録をもとにドキュメンタリーを作った。その後、その歴史的事実を総合的にとらえて、後世に伝えようと生存者とその子孫たちにインタビューし、小説「ルヴフの地下水道」を執筆、一九九〇年に発表した。

その本を読んで衝撃を受けた脚本家のデヴィッド・F・シャムーンが、映画化の権利を取得、時代考証と脚本づくりに取り組んだ。監督はアンジェイ・ワイダの指導を受けた「敬愛なるベートーヴェン」のポーランド人女性監督アグニェシュカ・ホランドである。彼女は主人公の人間的成長と変化に興味を惹かれ、映画を監督した。

彼女の認識では、二〇〇九年にホロコーストを題材にした著作や映画が数多くリリースされ、この問題はもう語り尽くされたかに見られたが、主要な部分はまだ解決も調査もされていない。そのような疑問を前にしたとき、この原作・脚本が訴えるものは大きいと考えた。

ルヴフの地下水道

ナチス占領下のポーランドの都市ルヴフ（現在はウクライナ共和国）。下水修理工のポーランド人レオポルド・ソハ（ロベルト・ヴィェンツキェヴィチ）は平凡な中年男だが、生活のため、コソ泥のようなこともしている。勝手知ったる下水道には盗品の隠し場所も設けていた。

ある日、彼はユダヤ人たちが地下室から地下水道へ脱出口を掘っているのを発見し、取り引きをする。ゲシュタポに告発はせず、地下水道にかくまってやり、食料や日用品を届け、面倒をみる代わりにお金を受け取るのだ。打算的で現実派のソハらしい駆け引きだった。

ユダヤ人たちが下水道に降りたのが一九四三年六月一日、地上へ脱出できたのは一四ヶ月後の一九四四年の七月二八日であ

『ソハの地下水道』好評発売中
DVD三八〇〇円＋税
発売元：クロックワークス／アルバトロス
販売元：東宝

る。太陽の日差しは届かず、悪臭と湿気が立ちこめ、ネズミがうろつく下水道は最悪の環境だった。

当初、ユダヤ人たちは多数だった。ソハは責任を負える人数は一〇人程度と考え、人数を絞らせた。結局、一一人がソハと行動をともにすることになった。ヒゲル夫婦と幼い子ども二人、ソハを敵視するムンデク、若い女性クララ、愛人関係のヤネクとハヤなどだ。

ソハと旧知のウクライナ人将校ボルトニックは、ドイツ軍の報奨金目当てにユダヤ人の捜索を行っており、何度も危機に襲われる。やがて、ヒゲルの持ち金が尽きかけ、極度のプレッシャーに疲労困憊《こんぱい》したソハも手を引くことにする。しかし、残された一一人は不自由な暗闇の世界で、水不足などすぐに困難な状況を迎える。

物資を求めて外に出たムンデクはドイツ軍兵士に発見され、詰問される。偶然そこに通りかかったソハは、ムンデクを助けようとしてドイツ軍兵士を殺してしまう。その報復にドイツ軍は罪のないポーランド人一〇人を見せしめに処刑する。その中にソハの若い相棒だったシュチェペクの変わり果てた姿もあった。

ヒゲルの幼い子どもたちが地下水道で迷子になったのを助けた頃から、ソハは再びユダヤ人たちの力になる気持ちになった。今度は報酬なしである。ソハとユダヤ人との間には絆《きずな》や連帯のようなものが芽生えたのかも知れない。

ヤネクとハヤの間に男の子が生まれるなどのハプニングも起こる。ムンデクは愛するクララのため、クララの妹マニャを探してヤノブスカ強制収容所に潜入する。しかし、マニャは地下水道の暗闇を極度に恐れ、ムンデクの説得に応じなかった。

ソハ一家が娘の聖体拝領の儀式に参加するため教会を訪れた日に、町は豪雨に襲われる。大量の水が地下に流れ込み、ユダヤ人たちは溺死の危機に陥る。ソハは教会を飛び出し、ユダヤ人の救出に向かう。秘密を察知したボルトニックが追跡してくる。

ソハはなぜ変わったのか

ソハはなぜ変わったのだろうか。非常に特殊で道徳的かつ倫理的に重大な状況に直面した人間は、変わり得ることが示されているように思われる。

その過程は直線的ではなく、複雑なものだったことは確かである。ソハ自身、意外に感じていたと思われる。ドイツ軍に通報すれば報奨金をもらえるのにそうはしなかった。最初はお金のためだったが、後では自分でも説明できない心境の変化でユダヤ人のために自己犠牲的精神で行動した。

一一人のうち現在唯一生存している女性が、当時の状況そのものが映像化されていると証言している。地下水道をリアルに撮影するための工夫も凝らされている。戦争が人間をどう変えたか、人間が戦争にどう向き合ったかを描いた作品である。


（二〇一二年一二月）

「遥かなる帰郷」

〝人間〟を取り戻す魂の航跡

フランチェスコ・ロージ監督　一九九六年　伊・仏・独・スイス　一一八分

フランチェスコ・ロージは「シシリーの黒い霧」「コーザ・ノストラ」「パレルモ」などで知られるイタリアを代表する社会派監督だ。彼はこの映画の原作であるプリーモ・レーヴィの「休戦」が一九六三年に発表されたときから、映画化に意欲を持っていた。そして、一九八七年にようやく映画化の約束をとりつけることができた。しかし、その一週間後にプリーモは自宅で突然死去してしまう。六八歳だった。

監督はショックを受けたが、映画化の信念は変わらなかった。二年後、ベルリンの壁が崩壊し、原作にあった主張の正当性を再認識した彼は映画化の準備を急いだ。そこには去り行く二〇世紀の重要なメッセージという問題意識があった。

イタリア北部のトリノに生まれた化学者プリーモ・レーヴィは、ファシズムに抵抗して捕まり、ユダヤ人であったためにアウシュヴィッツに送られた。終戦後、九死に一生を得た彼は、解放したロシア軍に余力がなかったため、自力でアウシュヴィッツからトリノまで、混乱の中を再生の〝帰還の旅〟をすることになった。この八ヶ月の経験を書いた自伝的文学が『休戦』である。

監督は多彩なエピソードを取捨選択し、人物像に変化を持たせたりして、映画としての求心性を保ち、全体としては主人公が再び生きる意欲を取り戻す〝癒《いや》し〟の過程に焦点を当てて映画化している。

プリーモの再生の旅

映画はドイツ軍がアウシュヴィッツ強制収容所を放棄して撤退するシーンから始まる。連合軍が近くまで迫ってきたのだ。一九四五年一月二六日。慌ただしく証拠書類を焼却し、ユダヤ人を壁に並べて銃殺している。

プリーモはドイツ軍が撤退する直前に発病したため、病室に放置されていた。そのために奇跡的に生き延びることができた。彼はユダヤ人の星印がある囚人服を焼却せずにオーバーの下に着込み、

公開時のチラシ

母が待つトリノへ帰ろうとする。連合軍の輸送トラックに乗り込み、ポーランドのクラクフに向かう列車に乗る。しかし、途中で列車が故障し、彼はギリシャ人のモルドと歩き出す。

このモルドは世知と機略に長《た》けた男で、理念的で行動力に欠けるプリーモを叱咤罵倒《しったばとう》し、非常時を生き抜く術《すべ》を教える。プリーモは反発しながらも尊敬と親近感を抱く。モルドと別れた後、プリーモはナチスから解放された人々を救援するソ連

軍キャンプに行き、化学知識を生かして薬局で働く。そこにいるとき、ベルリン陥落の報があり、キャンプは祝賀の喜びと解放感にあふれる。

帰郷は簡単には進まなかった。ようやく列車が用意されたかと思うと、ソ連軍が使用することになり、降ろされる。やむなく仲間と徒歩の旅を続ける。食料の調達も難問だ。鶏を分けてくれた農民の家族の団欒《だんらん》がまぶしい。仲間と苦労をともにしながらも、それぞれの悪夢の記憶がトラウマになっていさかいが始まり、絶望感に襲われる。

その繰り返しのなかでプリーモは揺れ動きながらも、生きる力を取り戻していく。そして、ついに母と姉が待つ自宅へ〝帰還〟することができた。同時に記録することが自分の使命であると自覚する。

プリーモは、仲間が、ナチスに身体を委ねて生き延びた女性を非難したときにいう。「ナチスの最大の罪は、戦火で大量の町や村を破壊したことでも、大量の人間を虐殺したことでもない。われわれの魂、人間らしい心を打ち砕いてしまったことだ」。

その打ち砕かれた人間性、魂を回復していく道程は容易ではない。プリーモは生きていること自体にこのうえない意味を見いだし、美しい森や湖の自然、楽器を持ち寄った仲間たちのささやかなコンサートに癒される。

トリノの自宅に帰ったプリーモは何一つ変わっていないテーブルに座り、静かに食事をする。書斎も変わっていない。平穏な日常のかけがえのなさが臓腑《ぞうふ》に沁み渡る。しかし精神は過去と同じではない。プリーモは囚人服を折りたたみ、画面から語りかける。
「家族とともに平穏な食事ができる幸せな生活を送っているあなた。汚泥の中で過酷な労働を強いられ、一片のパンをめぐって相争い、ある日有無をいわさず殺される。こんな理不尽なことが現実にあったのだ。私が経験したことは普通の世界ではあり得ないことで、あってはならないことだった。だから、平和な世界に生き、異常な体験をしたことのない人たちに自分の経験を伝えたい」。

それぞれの〝帰還〟も

映画には同時に、多彩な人物群像がちりばめられている。先のモルドやスリのフェラーリ、ヴェネツィアの大家族でひとりだけ生き残ったダニエーレ、ヒトラーに抗議の手紙を書いたため、店を壊され、夫を連行された老婦人、奔放なロシア人看護婦ガリーナなど、それぞれの〝帰還〟が描かれる。映像もみずみずしい。

（一九九八年八月）

「ハンナ・アーレント」アイヒマンはマシーンだったのか

マルガレーテ・フォン・トロッタ監督　二〇一二年　ドイツ・ルクセンブルク・フランス　一一四分

ハンナ・アーレント（一九〇六〜一九七五年）は、ユダヤ系ドイツ人でハイデガー、フッサール、ヤスパースに師事した哲学者である。一九四〇年にフランスのギュルス強制収容所に連行されたが脱出し、翌年アメリカに亡命。やがてアメリカ国籍を取得して、プリンストン大学初の女性専任教授に就任した。ドイツには戻らず、アメリカを拠点に活躍し、一九五一年の英語による著作『全体主義の起源』はセンセーションを巻き起こした。

この映画は彼女が一九六一年、アドルフ・アイヒマン裁判を傍聴するため、イスラエルに渡り、一九六三年にアイヒマン裁判のレポートを『ザ・ニューヨーカー』誌に掲載、全米のみならずイスラエルにも激しい論争を呼んだ事件の前後、約四年間に焦点を当てている。このレポートは単行本にまとめられ、ホロコースト研究の最重要文献の一つとなった。

アイヒマン裁判

彼女はアイヒマン裁判をどのように観察し、考察して、どのようなレポートを書いたのか。映画は一九六〇年、アイヒマンが逃亡先のアルゼンチンで、イスラエル課報部（モサド）に逮捕、拉致《らち》されるシーンから始まる。

アイヒマンはユダヤ人を強制収容所へ送り込む最高責任者だった。彼は高校中退後、一九三二年にナチス親衛隊に入隊、三年後にユダヤ人担当課に配属された。そこでユダヤ人追放のスペシャリストとして頭角を現し、終戦までユダヤ人列車移送の最高責任者を務めた。戦後、バチカン発行のビザと偽名を使い、アルゼンチンへ逃亡したが、前述のように一九六〇年に逮捕され、一九六一年の裁判の後、一九六二年に絞首刑に処せられた。

ハンナ・アーレント（バルバラ・スコヴァ）は裁判の傍聴を希望し、『ザ・ニューヨーカー』誌に裁判のレポートの寄稿を持ちかけた。要望は即座に受け入れられ、彼女はイスラエルに旅立つ。家族同然の旧知の友人や同志に再会し、裁判を傍聴する。

裁判の再現に関しては特別の方法が採用されている。俳優の演技には限界があるので、アイヒマンの記録映像を使

『ハンナ・アーレント』好評発売中
DVD、ブルーレイ共に四七〇〇円＋税
発売・販売元：ポニーキャニオン

用していることだ。アイヒマンの白黒映像が画面に映し出され、アイヒマンの表情や肉声に接することで、観客は本物の裁判に立ち会っているような感覚を持つことができる。

裁判が進行し、一九四二年に正式承認された組織的なユダヤ人絶滅計画＝「ユダヤ人問題の最終解決」は、アイヒマンが作成したことも本人から明らかにされた。世間では、悪の権化であるアイヒマンへの非難が高まった。しかし、アーレントの中では、アイヒマンは組織の歯車の一つで、いわゆる〝凶悪な怪物〟ではなく、むしろ〝平凡な人間〟なのではないかという疑問が立ち上がってきた。

〝悪の凡庸さ〟とは

アーレントがアイヒマン裁判のレポートで導入した概念が、〝悪の凡庸さ（陳腐さ）〟である。上からの命令に忠実に従い、思考を放棄し、官僚組織の歯車になってしまうアイヒマンのような小役人が、ホロコーストなどの巨悪に加担してしまう。悪は狂信者や変質者によって招来されるものではなく、ごく普通に生きていると思い込んでいる凡庸な一般人によって引き起こされてしまう事態を説明している。

事実、アイヒマンは命令に服従することが自分の義務だったと法廷で主張している。アイヒマンは命令に従っただけで反ユダヤでもないといったアーレントの意見はまず、ユダヤ人たちの激怒を買う。強制収容所、ホロコーストの犠牲者や遺族にとって、アイヒマンは悪の権化でなければならないのである。

アーレントの原稿は進まなかったが、アイヒマンの死刑判決を機に執筆を再開し、第一稿を旧友の哲学者に見せる。彼は、アイヒマンがヒトラーの命令に従っただけという記述に反対し、発表自体の中止をすすめる。『ザ・ニューヨーカー』誌の編集部は、ユダヤ人指導者がナチスに協力していたという箇所に憂慮するが、彼女の主張でそのまま原稿を五回に分けて掲載する。

発売直後から「アーレントによるアイヒマン擁護」という非難と抗議が殺到する。彼女はイスラエルの友人だけでなく、大学の同僚からも批判、攻撃され、大学から辞職を勧告される。映画のクライマックスとなっているのが、彼女が学生たちへの講義という形で行った反論、八分間のスピーチである。

このスピーチは、彼女の思想のエッセンスを伝えるものとなっている。彼女は思考する自分を信じ、自分の知識と信念以外には断固として服従しない。思考することが人間を人間たらしめているものである。アイヒマンにはそれが欠けていた。思考する能力を自ら放棄してしまったのだ。

この映画は、アイヒマン裁判を通じてホロコーストを考えさせるとともに、ハンナ・アーレントの思想の映像化にチャレンジした貴重な作品である。この困難な作業が、一九八六年「ローザ・ルクセンブルク」の監督・主演コンビで実現された意義は大きい。

（二〇一三年一一月）

第6章　戦争に病む社会と人間

「パーフェクトサークル」ユーゴ紛争、サラエボ戦争の実相

アデミル・ケノヴィッチ監督　一九九七年　ボスニア・フランス　一〇八分

一九九二年、ユーゴ戦争はボスニアにまで拡大する。敵に包囲された首都サラエボは絶え間ない爆撃で荒廃し、日々危険が増していた。市民は争って国外脱出を試みている。バスやトラックが市民を満載して走り去る。映画はここから始まる。

妻と娘が脱出した後、絶望感に打ちひしがれた詩人のハムザ（ムスタファ・ナダレヴィッチ）は、危険と隣り合わせながら、酒を友とする厭世《えんせい》的な生活を送る。戦争という現実を前に詩は無力であることを思い知らされたからだ。彼はときどき首吊りをしている自分を幻想する。絶望と失意の日々がつづく。

そこに戦争で父母を失い、孤児となった九歳のケリムと七歳のアーディスの兄弟が転がり込んでくる。ケリムは耳が聞こえないため口がきけず、アーディスが〝通訳〟する。ハムザは戦火の市街を抜け、二人の伯母の家を探し当てるが、すでに伯母はドイツに避難した後で、ハムザはやむなく二人の面倒を見ることになる。

戦時下で奇妙な共同生活を送るうち、ハムザと兄弟は家族のような絆《きずな》で結ばれていく。つねに死の幻影にとりつかれていたハムザは、子どもたちによって生きる力を取り戻し、二人をドイツにいる伯母の元に何とか連れて行ってやりたいと思う。そして銃撃から身を隠すことのできない飛行場

の横断に挑戦する。その向こうがドイツに通じているのだ。

この映画は戦火の下で助け合い、必死に生きようとする人々を描くことによって、鮮烈な平和へのメッセージを送っている。ユーゴ紛争は民族的対立によるといわれるが、実態は複雑に絡み合っていた。サラエボは典型的な多民族の混住地域で、民族を超えたコスモポリタンの都市だった。サラエボの一九九一年総人口五三万人の内訳は、ムスリム人（イスラム教を母体とするユーゴ独自の民族）四九パーセント、セルビア人三〇パーセント、クロアチア人七パーセント、ユーゴスラビア人（戦後の社会主義体制下で形成された統合的な民族）一一パーセントだった。

だから監督は、セルビア人を敵として登場させることはせず、〝市民の間の戦争ではなく、市民に向けられた戦争〟の本質を明らかにするアプローチをとっている。監督自身、サラエボっ子の一人で、一九九二年の冬から翌年の春までサラエボにとどまり、戦争の危険と隣り合わせながら、カメラを回し続けた。

劇場用プログラムの表紙

この映画は敵に包囲され、戦車や迫撃砲や機関砲の標的とされる苛酷な日々を生きたサラエボ市民のドキュメント・フィルムともいえる。被害者は人間だけではない。足を撃たれた犬も、燃料用に切り倒される樹木も戦争の犠牲者だ。生きているすべての生命を奪っていく戦争の本質がえぐられている。

パーフェクトサークルとは

パーフェクトサークル（完璧な円）は何を意味するのか。ハムザが子どもたちにそれを描いて見せるシーンがある。新しい家族？　平和への祈り？　連帯と共存？　包囲されたサラエボ？

答えは映画を観た観客一人ひとりの心の中にあると監督はいう。監督はセルビア軍包囲下のサラエボで、市民が経験したことをそのままに、そして対立していたといわれるムスリム人とセルビア人が共存して生きていたことを市民の視点で描こうとしている。

サラエボの人たちも、最初はなぜ戦争が起こったのかまったくわからなかった。世界のメディアはボスニア戦争を民族、宗教の対立と報道したが、それは事実ではなかった。つまり、権力を志向する者が起こした戦争を、メディアが民族同士の戦争に仕立て上げ、国連は仲裁と称して介入し、戦争の本質を歪めてしまった。

そのため真の犯罪者が隠れてしまう結果になった。監督は来日時のインタビューで、国際社会とジャーナリズムの責任は大きいと言っている。これは戦争における情報支配、情報支配下の戦争、たとえばアメリカが演出した湾岸戦争を想起させる。

ここにユーゴ紛争、ボスニア戦争の複雑性が浮き彫りにされている。しかし、同時にこの映画は深い詩情をたたえている。二人の少年の感性のみずみずしさ、家族の一員となった〝車イス〟の犬。

この犬の話は現実にあったことのようだ。爆撃で傷つき、荒涼とした都市風景のなかにも希望と再生の祈りをこめている。ハムザの妻も娘も幻影で現れてはハムザたちを助ける。

ユーゴ紛争をめぐっては、テオ・アンゲロプロスの「ユリシーズの瞳」やエミール・クストリッツァの「アンダーグラウンド」、ミルチョ・マンチェフスキの「ビフォア・ザ・レイン」などの作品が公開されてきた。この映画はそこに詩人の眼差しを加えることによって、新たな切り口を見せている。

戦争で言葉を失った兄と手話通訳をする弟も象徴的な設定であり、少年と犬を通して戦争の矛盾と悲劇を訴えた映画ともいえる。

（一九九八年七月）

「消えた声が、その名を呼ぶ」アルメニア人の悲劇に踏み込む

ファティ・アキン監督　二〇一五年　ドイツ・フランス・トルコほか　一三八分

この映画は、一〇〇年前の〝アルメニア人の悲劇〟を題材にしている。この事件はトルコではタブーとされており、監督は映画化に際して殺害予告などの脅迫を受けたという。〝アルメニア人の悲劇〟とはどのようなものだったのか。

一九一五～一六年にオスマン帝国によって行われたアルメニア人迫害は、二〇世紀最初のジェノサイド（大量虐殺）であり、ヒトラーがユダヤ人虐殺の手本にしたといわれる歴史的悲劇である。虐殺は組織的であり、犠牲者はおよそ一五〇万人と推計されている。

アルメニアは黒海とカスピ海の間にあり、一九九一年にソビエト連邦から独立した共和国（人口約三一〇〇万）である。古代アルメニア王国は繁栄を誇っていたが、一〇四五年にビザンティン帝国によって滅ぼされ、アルメニア人は各地に散らばり、多くは商工業者となって生活を営んだ。広大なオスマン帝国は多民族国家であり、その中にはキリスト教徒であるアルメニア人もいて、帝国経済を担う存在だった。

一八～一九世紀にオスマン帝国が弱体化すると、アルメニア人などの民族運動が広がり、帝国との摩擦が表面化する。一九〇八年に皇帝による独裁は終わったが、キリスト教徒の独立運動が相次ぎ、アルメニア人への警戒意識が高まった。そして、一九一五年四月のアルメニア人による暴動が

契機となって、アルメニア人の逮捕、連行、強制労働、虐殺が始まったのである。

現在もこの事件の解釈や事実関係をめぐってアルメニアとトルコは対立しており、国交正常化交渉の障害になっている。ＥＵ議会はトルコのＥＵ加盟条件の一つとして、この問題の解決を要求している。トルコ系移民二世としてドイツに育った監督は、映画を通じてこの問題がトルコでも自由に議論されることを望んでいる。

© Gordon Muhle/ bombero international

ナザレットの苦難の旅

一九一五年、オスマン帝国のマルディンという町で双子の娘ルシネとアルシネ、妻のラケルと幸せに暮らしていたアルメニア人鍛冶職人のナザレット（タハール・ラヒム）は、ある日の夜更けに突然、憲兵に強制連行される。同居していた兄弟もいっしょだった。

『消えた声が、その名を呼ぶ』好評発売中
DVD三九〇〇円＋税
発売元・販売元：ハピネット

ナザレットたちは砂漠で憲兵の厳しい監視下、奴隷のように働かされる。しばらくすると谷底に連れて行かれ、ナイフと剣による問答無用の処刑が始まった。隣の兄も首を切られた。自分の番になり、首にナイフを突き刺され、意識を失う。しかし、数時間後、ナザレットは意識を取り戻す。命令には逆らえないが、罪のないアルメニア人たちを殺すことを躊躇《ちゅうちょ》した処刑人が急所を外したためである。兄は絶命していた。

声を失ったナザレットは砂漠をさまよい、通りすがりの人々に助けられ、妻と娘たちを探し回る。住んでいた町の住民が連れて行かれた砂漠の強制収容所にたどり着くが、姿はなかった。生き残った姉も瀕死の状態だった。

やがて戦争が終わり、支配者だったトルコ人たちが怒声を浴びせられながら町を出て行く。自分も石を投げようとしたナザレットは血を流した少年を見て思いとどまる。アレッポの石鹸工場の主人に助けられ、ひととき平穏な時間を過ごしたナザレットは、再びわずかな手がかりを元に妻と娘たちを探す旅に出る。

レバノンの孤児院からアルメニア人が住むと聞いたキューバへ、さらにアメリカへ渡り、フロリダ、ノースダコタへとナザレットのつらく長い旅がつづく。

現代に通じるテーマ

映画は一〇〇年前の〝アルメニア人の悲劇〟を告発し、政治的なメッセージを発しているわけではない。ジェノサイドについての物語でもない。監督はトルコ社会、家族、新聞、教科書で語られも報道もされなかった歴史的事件を「娘を探す父親」の物語にして、投げかけたのである。

監督は一〇〇冊もの本を読み、ナザレットが旅をした各地の図書館で当時の記録や写真など厖大《ぼうだい》な資料を五年もかけて調べ上げた。キューバに移住したアルメニア人の日記を読み、孤児の記録やアレッポにあった売春宿の物語を読み、アルメニアの首都にある虐殺記念館を訪れ、アクセスできた現場と資料をできる限り精査して、物語の背景としている。

こうして歴史に埋もれていた事実が明らかにされたのである。映画の中にアルメニア人の老人と女性と子どもたちが裸足で砂漠を通り過ぎて行くシーンがある。男子は投獄されるか強制労働に駆り出された後、処刑され、老人と女性と子どもたちは死に至るまで歩かされたといわれる。ジェノサイドといわれるゆえんである。

映画の情景は、ヨーロッパに殺到するシリア難民と重なるものがある。「過去を振り返ることには意味がある。個人と同様に社会も精神を病み、治療が必要なときがあるからだ。それを治すきっかけを与える力が映画にはあると、私は信じている」と監督は言っている。

（二〇一六年三月）

「略奪の大地」 小国の悲劇、強制改宗の悲劇

リュドミル・スタイコフ監督　一九八八年　ブルガリア　一六四分

オスマン・トルコ支配下の悲劇

ブルガリアは映画のみならず、日本人にはさほど知られてはいない国に属するだろう。二〇一四年で人口わずか七〇〇万余。バルカンの小国である。地図を見ると、ボスポラス海狭を隔ててはいるが、ほとんどトルコと陸つづきである。あのオスマン・トルコが強大だった頃、ブルガリアがどんな状態に置かれたかがぼんやりと想像されてくる。

この映画はそうしたオスマン・トルコの支配下にあったブルガリアの、とある村の悲劇を史実に即して映像化した作品である。原作はブルガリアの国民的作家であるアントン・ドンチェフの『別れの時』。一九六四年の作品で、現在も毎年のように重版されている超ロングセラーである。

ブルガリアの建国は六八一年で、一九八〇年代は建国一三〇〇年祭にちなんで歴史映画が輩出したが、この作品はその頂点に立つといわれる。監督・脚本のリュドミル・スタイコフは、〝ブルガリアの黒澤明〟とも称されていて、歴史映画におけるスケールの大きさとディテールの緻密《ちみつ》さには定評がある。苦難の時代の祖国と民族の誇りを気高く謳《うた》い上げたこの作品は、一九八八年度ブルガリア映画興行成績ベストワンに輝いている。

ロドピ山地の一六六八年

映画はオスマン帝国の勇将カライブラヒムに率いられた騎兵隊が、戦略上の重要拠点であるブルガリア南部、ロドピ山地のエリンデニャ谷へ向かうところから始まる。一六六八年のことだ。

写真協力　公益財団法人川喜多記念映画文化財団

当時オスマン帝国はヨーロッパ、アジア、アフリカにまたがる大帝国だったが、強制的な支配手段はとらず、キリスト教徒やユダヤ教徒には人頭税と引き換えに信教の自由を認めていた。

しかし、バルカン半島の重要拠点では、トルコ軍の背後を固める目的で組織的、強制的な改宗政策がとられた時期があった。改宗を拒否した人々は徹底的に弾圧され、多くの血が流され、生命が失われた。カライブラヒムはロドピ山地の村々を改宗させる任務を帯びてやってきたのである。

彼は、民族の誇りから改宗を拒否した村人を容赦なく弾圧、殺害する。女性も子どもも許さない。ただ、これだけならば、歴史にあふれている支配と抵抗の悲劇のひとコマに過ぎないともいえるだろう。この物語の悲劇の深さは、トルコ騎兵隊の隊長カライブラヒムの出自からきている。

実は、彼はこの村で育ったブルガリア人だったのだ。その頃、オスマン政府がキリスト教徒の男の子（五〜一〇歳）を強制的に徴用して、イスラム教に改宗させ、イスタンブールで教育を施し、宮廷の官僚や奴隷、近衛兵などにする〝デウシルメ〟という文字通りの血税があった。彼は少年時代、兄弟同様だったマノールや父母から引き離されてトルコ軍に連れ去られ、冷酷非情な軍人に仕立て上げられたのだ。

被害者のカライブラヒムが加害者として村にやってくる。幼い頃の思い出がよみがえる。連行される彼を泣きながら追いかけた母、粉ひき小屋で働く父、そしてマノールと遊んだ日々。しかし、彼は過去を断ち切るように任務に没頭し、村人に改宗を迫り、残忍な方法も辞さない。

民族の存亡と改宗

映画の大きなテーマは、改宗か否かという形をとった民族の自決、自立の問題だ。マノールや村の有力者は断固として改宗を拒み、トルコ軍によって残虐な刑に処せられていく。村の司祭アリゴルロ神父は、村の全滅を前にして、悩んだ末、神の啓示を得る。キリスト教もイスラム教も同じ神を抱く宗教だ。改宗しても民族の血は変わらない。生きてロドピを守ることには換えがたい。

こうして彼は率先してターバンを被り、村はとりあえず全滅を免れる。村人に改宗をすすめたのは、カライブラヒムの側近の〝ヴェネツィア人〟だった。彼はヴェネツィアの名門の出だったが、捕虜となり、生命こそ至上の価値と悟って改宗した過去を持っていた。

この二人が村外れの石橋の上で別れるところが、映画の最後である。ヴェネツィア人がアリゴルロに隠し持っていた十字架を返す。一方の手にターバン、他方に十字架を持ったアリゴルロが呆然としたまま、ヴェネツィア人を見送る。どちらとも選択しかねながら。

一般には改宗は精神を支配するということで支配の完結を意味する。逆に異教に屈することは民族の誇りとアイデンティティの喪失を意味する。それを超えた人間と宗教の関係の追求がこの映画の通奏低音であろう。

村落の風景、伝統的な婚礼の情景、女性たちの民族衣装、典雅な石橋など、躍動する人間ドラマを縁取る映像はどこまでも美しい。監督はこの作品は人間の魂の力強さ、人間の尊厳を表現したものだという。重いテーマを叙事と叙情で織り上げた名作である。

（一九九〇年一二月）

「ホワイト・バッジ」

韓国人にとってのベトナム戦争

チョン・ジヨン監督　一九九二年　韓国　一二五分

一九七五年四月三〇日、サイゴンが武力解放され、アメリカ軍が撤退して、長かったベトナム戦争が終わった後、どのくらいベトナム戦争を描いた映画が作られただろう。

無意味な戦争の実態や、犠牲となり精神を病んだ若者やアメリカ社会の苦悩がさまざまに表現されてきた。ルル・アシュビー「帰郷」やマイケル・チミノ「ディア・ハンター」、フランシス・フォード・コッポラ「地獄の黙示録」、ビル・コーチュリー「ディア・アメリカ―戦場からの手紙」、オリバー・ストーン「プラトーン」および「七月四日に生まれて」、スタンリー・キューブリック「フルメタル・ジャケット」、ジョン・アーヴィン「ハンバーガー・ヒル」、ブライアン・デ・パルマ「カジュアリティーズ」などがその代表例といえる。

しかし、それらはすべてアメリカ映画である。「ディア・ハンター」の極端なアメリカサイドの視点が批判されたように、ベトナム戦争の映像化がアメリカ映画に独占されるほど、全体的な事実と真実は見えにくくなった。わずかにベトナム映画「無人の野」がベトナム人の視点からベトナム戦争の矛盾を的確に表現していたのが特筆される。

その「無人の野」につづく貴重な作品がこの「ホワイト・バッジ」である。同じアジア人である韓国人にとってベトナム戦争とは何だったのか。アメリカは一九六九年の最大期には五四万人の米

写真協力　公益財団法人川喜多記念映画文化財団

兵を投入した。ベトナム戦争にはタイ、ニュージーランド、オーストラリア、フィリピンも派兵したが、すべて数千ないし一万人程度だった。

それに対して韓国は延べ三一万余を派兵、戦死者四六八七名を数えている。なぜ韓国はそのように大量派兵をしたのか。この数字さえ、一九九二年に公表されたばかりだが、映画は長くタブーとされてきた〝韓国人とベトナム戦争〟を解き明かしている。

映画はベトナム帰りの作家ハン・キジュと、精神を病み、社会復帰できないピョン・ジンスとの現在と一〇年前のベトナム戦地での出来事をクロスさせながら進行する。

ハンとピョンはある小隊に属していたが、生き残ったのは二人だけだった。映画の現在は朴正煕大統領が暗殺された一九七九年で、ハンの友人のジャーナリストはこの機にベトナム戦争の実態を国民に知らせるべきだと小説の執筆を依頼する。

しかし、ハンの筆は進まない。ハン自身、離婚し、荒れた生活を送っている。ピョンは今でもヘリコプターや教会の鐘の音におびえ、耳を切り落とされる恐怖におののいている。二人の小隊は一年契約の兵からなり、二ヶ月は塹壕掘りだけで小説や映画のような戦闘はなかった。このまま終わればいいという気持ちと土産話になるような戦闘を経験したいという矛盾した気持ちが同居していた。

そこにベトコンと内通しているらしい村の平定の命令が下る。ハン兵長は手榴弾を持った瀕死のベトコン二人を夢中で殺したが、ショックで動けなくなる。小隊の一人がベトコンの拷問中に自爆の犠牲になり、報復に農民たちを皆殺しにする。さらに帰国の一ヶ月前、敵のアジトの捜索中にキム伍長が敵と間違って、老農夫と女子どもに銃を乱射するミスを犯す。彼はピョン一等兵とチョウ上等兵に口封じのうえ、生き残った者を殺害させ、耳を切り落とさせる。

そのときからピョン一等兵は気が変になり、チョウ上等兵はキム伍長を殺し、耳を切り取ってジャングルの中に消えて行き、戦死とみなされる。最後に帰国を目前にした小隊は敵の主力部隊と対戦し、夜間のすさまじい砲撃戦と白兵戦の末、ハンとピョンだけが生き残る。肉体的、精神的にずたずたになって帰国した彼らを待っていたのは、何の真実も知らされない社会への失意と絶望、そして家庭崩壊、精神失調だった。ハンは、病んだピョンの魂を救うために銃の引き金に手をかける。

韓国はなぜ大量派兵したのか

韓国のベトナム派兵はジョンソン大統領と朴大統領との公約で一九六四年から七五年まで一二年にわたって続けられた。その間、韓国は軍事政権下で情報管理され、戦時中の日本のように誇大な戦果だけが報道された。また、若者が争って志願したのは、同じアジアの隣国を助けに行くという政府の宣伝に乗せられただけでなく、お金を稼ぐためだった。

兵士の賃金は月一〇ドルだが、ベトナムへ行けばアメリカ軍から月四〇ドルから四五ドルが支払われた。兵士はそれを国元に送金し、ＰＸ（アメリカ軍の基地内売店）で自国では買えないテレビや冷蔵庫を購入して〝凱旋〟し、英雄視された。政府にとってもベトナム派兵は外貨獲得につながった。

だから韓国兵士はアメリカ軍やその他の国の兵士以上に果敢に戦った。猛虎師団や白馬師団の勇猛ぶりは今でも語り草という。映画の小隊はその白馬師団に所属し、映画のタイトルは青地に白馬を描いた師団章に発している。

言論統制のため、原作はアメリカで英語出版され、韓国に逆輸入された。今回映画化されたのは韓国の政治状況の変化によるが、朝鮮戦争を扱った同監督の「南部軍」は未だ国外上映禁止とされている。

（一九九三年八月）

「戦場のアリア」

戦場の人間交流は戦争犯罪か

クリスチャン・カリオン監督　二〇〇五年　仏・独・英合作　一一七分

聖夜の出来事

戦争を描いた映画は多いが、その表現スタイルは多様である。スピルバーグの「プライベート・ライアン」やオリバー・ストーンの「アレキサンダー」のように、戦争をリアルに再現することにエネルギーを注いだ映画も少なくない。しかし、大部分は戦争に伴う個人や家族の葛藤《かっとう》や矛盾、悲劇を描いている。名作「西部戦線異状なし」や「無防備都市」「禁じられた遊び」「かくも長き不在」「誓いの休暇」などでも、戦争の空しさと回復できない悲劇が静かに告発されている。

この映画はフィクションではなく、史実に基づいている。一九一四年、フランス北部の最前線デルソー。塹壕戦が中心となった第一次大戦では、無人地帯（ノーマンズ・ランド）をはさんですぐ向こうの敵と相対していた。声が届くような至近の場所で、フランス・スコットランド連合軍とドイツ軍が互いに警戒しながら、クリスマスイブを迎えている。

故郷でクリスマスを祝えない戦場の兵士には、たくさんのクリスマス・ツリーが送られ、キャンドルが灯される。同じキリスト教徒が同じ戦場で、いつ急襲されるかも知れないといった疑心暗鬼のなかでクリスマスを祝おうとしている。そこにドイツ軍司令部でのクリスマスコンサートから帰ったテノール歌手、ニコラウス・シュプリンク（ベンノ・フュルマン）の歌声が流れる。

国際的に有名で聴き覚えのあるニコラウスの声にスコットランド軍はバグパイプで応え、兵士のコーラスも加わる。ニコラウスは歌いながらツリーを持ってノーマンズ・ランドに踏み入る。ついに奇跡が起こったのである。戦場にクリスマスを祝う気分があふれ、三軍の中尉が一夜限りの休戦に合意し、シャンパンで乾杯する。兵士たちは歩み寄り、家族の写真を見せ合い、チョコレートやウイスキーを交換し、サッカーの試合に興ずる。

ニコラウスの妻でソプラノ歌手のアナ・ソレンセン（ダイアン・クルーガー）が戦場の冷気を癒すようにアヴェ・マリアを歌い、牧師は宗派を超えたミサを行った。まるで家族のようにクリスマスを祝ったのである。

本年度アカデミー賞ノミネート【外国語映画賞】
その聖なる日、銃声が止んだ
戦場のアリア
JOYEUX NOËL
1914年、第一次大戦下。
過酷極まりない戦場に
10万本のクリスマス・ツリーが届けられ
そして、奇跡はおこった・・・。
公開時のチラシ

『戦場のアリア』好評発売中（DVD）

封印された事実

しかし、この出来事は手紙の検閲や風聞によって、たちまち軍司令部の知るところとなった。そして、重大な軍規違反として中尉たちは厳しい処分を受け、兵士たちも懲罰としていっそう過酷な戦地へ追いやられた。フランス軍兵士は生き残ることさえ難しい激戦地へ送られ、ドイツ軍兵士も家族にひと目会う機会もなく、列車で酷寒のロシアの戦場に送られた。この事実は封印され、公式の記録に残されることはなかったのである。

監督は、映画の舞台になった戦場に近い地域の農家に生まれ、畑から掘り起こされた砲弾を運んだ記憶がある。今でも兵士の遺品や錆《さ》びた銃が見つかるという。そして、監督は運命的に一九九三年、一冊の本に出会う。歴史研究者イブ・ビュフトー著『フランドル地方とアルトアの戦い、一九一四～一九一八年』で、その一節に「一九一四年の驚くべきクリスマス」があったのである。

この本を手がかりにフランス、イギリス、ドイツの記録保管所から写真や新聞記事、数千通の手紙を探し当て、取材を重ねた監督は、脚本を書き、映画化を計画する。この事実はイギリスでは小学校の教科書にも載っていてよく知られていたが、ドイツではタブーとされ、知らせないように圧力がかけられていた。フランスはその中間だった。

フランス軍からは基地での撮影を拒否され、ルーマニアで実施せざるを得なかった。しかし、公開されると、大ヒットし、二〇〇五年のフランスで観客動員数第一位となっている。

戦争と人間

軍の公式記録からは排除されているが、ヨーロッパ各地で今も語り継がれ、人々の記憶に残っているこの事実は、戦争と人間の本質的関係を描いている。兵士として動員される普通の人間は、誰も殺したり、殺されたりしたくはない人間としての感情を持っている。

外交交渉の挫折や異常な指導者の命令で始まる戦争は、そうした個人的感情とは関係なく、兵士を戦うマシーンに変えていく。

この映画では、音楽、芸術が敵味方を超えた普遍的な共通のキーワードとなっていることに注意したい。芸術には人間の心を純化し、平和と友愛に導く力がある。戦場という過酷な非日常の世界でも芸術はパワーを発揮する。戦争に抗議する普通の人間の心情が芸術を介することによって、自然に表現されている。反戦映画というより、戦争自体に疑問を投げかけた映画である。もちろんヨーロッパ共通の文化的、宗教的土壌の存在も大きい。

ニコラウスの声をプラシド・ドミンゴの後継者といわれたロランド・ヴィラゾンが、架空の登場人物アナの声をナタリー・デセイが担当、その美しい歌声も映画の魅力だ。

（二〇〇六年七月）

「カティンの森」

スターリンのポーランド支配の暗部

アンジェイ・ワイダ監督　二〇〇七年　ポーランド　一二三分

第二次大戦前夜の一九三九年八月二三日、ドイツとソ連は不可侵条約を結ぶ。ドイツの思惑はポーランド支配だった。九月一日、ドイツがポーランドに侵攻して、第二次大戦が始まる。時を置かず、ソ連もポーランドに侵攻し、ポーランドは四度目の分割という悲哀を味わうことになった。ソ連の捕虜になったポーランド軍人は将校も含め、約一八万人といわれ、各地の収容所に抑留された。大学教授、教師、医師、作家、ジャーナリストなど多くの知識人も逮捕、抑留された。一九四〇年三月五日、スターリン率いるソ連共産党政治局は、収容所内のポーランド人将校約一万五〇〇〇名を秘密裏に抹殺する決定を下した。これは当時のポーランド人将校の約半数に相当する人数だった。

犠牲者が埋められた三ヶ所の一つがカティンである。現ロシア共和国西部・スモレンスク近郊で、四四一〇名が銃殺され、森の中に埋められた。その後ドイツによって独ソ不可侵条約が破られ、ドイツの侵攻を受けると、ソ連は連合国側に加わりドイツと戦うことになった。この過程で、カティンが一時的にドイツ軍に占領され、一九四三年四月に「カティンの森事件」が明るみに出た。

それ以前にポーランドは行方不明の将校についてソ連に照会したが、ソ連は沈黙か言い逃れに終始し、逆にドイツに罪を着せようとした。そして、ソ連の衛星国になった戦後もこの事件に触れることはタブーとされ、追及した者は厳しく処罰された。ソ連が犯行を認めてポーランドに謝罪したのは、一九九〇年ゴルバチョフ大統領のときである。

なぜ、ソ連はこのような残虐なことをしたのだろうか。それは高級軍人と知識人を抹殺して、ポーランド社会にリーダー不在の真空状態をつくり出し、ポーランドの支配と共産化を容易にするためだったといわれる。

帰らなかったアンジェイ

実はワイダ監督の父親も「カティンの森事件」の犠牲者だった。しかし、犠牲者リストの名前が誤記されていたため、母親は一九五〇年に死去するまで、夫の帰還を待ち続けていた。監督は一九五〇年代半ばに事件を知り、映画化を切望したが、ソ連崩壊前は叶《かな》わないことだった。カティンの悲劇を

『カティンの森』好評発売中
DVD四八〇〇円＋税
発売元：アルバトロス株式会社

素材とした文学作品もなく、シナリオ作りも難航した。結局、アンジェイ・ムラルチクの短編小説をもとに三十数回も書き直し、シナリオを作成した。

この過程で原作は大きく変えられ、ワイダ監督の父親ヤクブ・ワイダ（一九〇〇～一九四〇年）にまつわるエピソードも加えられている。この映画はドキュメンタリーではなく、フィクションだが、さまざまな事実を積み上げて組み込み、「カティンの森事件」を全体的、多面的に映像化している。真実から遠ざけられてきたポーランド国民に対する貴重なメッセージとなっている。それはワイダ監督にとっても切実かつ最重要のテーマだった。

映画はアンジェイ家の人々を中心に展開される。アンジェイはポーランド軍の大尉でソ連軍の捕虜になっていた。心配した妻のアンナと娘のニカがクラクフからアンジェイを探しにやってくる。二人はようやくアンジェイと再会するが、彼は逃亡を潔しとせず、友人のイェジ将校らと軍用列車に乗せられ、東へ運ばれて行く。

収容所に送られたアンジェイはすべてを手帳に記録しようと決心する。苦労の末にやっとクラクフに戻ったアンナとニカはアンジェイの母とひたすらアンジェイが帰るのを待ち続ける。クラクフのヤギェロン大学の教授だった父親のヤンたちも逮捕され、ドイツの収容所に送られ、非業の死を遂げる。

ドイツ軍が発表した「カティンの森事件」の犠牲者リストには、アンジェイの名前がなかった。アンナたちはかすかな希望を抱くが、その背景には何があったのだろうか。

永遠の鎮魂譜

アンジェイとその家族だけでなく、この映画にはさまざまな人物が登場する。前述のようにソ連は、カティンの事件をナチスの犯罪にし、半世紀にわたり、その嘘の黙認をポーランド国民にも西側諸国にも強いてきた。それに抵抗し、迫害された人々が映画の後半に登場している。ソ連の衛星国時代のポーランド政府の責任も問われている。

ワイダ監督が考えたのは、事件で永遠に引き裂かれた家族の物語のパノラマから、カティン犯罪の巨大な虚偽と残酷な真実が明らかになるだろうということである。〝カティンの嘘〟を知ったイエジも、親ソ・ポーランド軍将校として生き続けることを拒否し、死を選ぶ。カティンの悲劇はこのように戦後も長く続き、人々を苦しめてきたが、ワイダ監督のこの作品が普遍的な鎮魂譜となるだろうことは疑い得ない。

（二〇〇七年一月）

「トンネル」ベルリンの壁とは何だったのか

ローランド・ズゾ・リヒター監督　二〇〇一年　ドイツ　一六七分

東西ベルリンを隔てていた全長一五五キロメートル、高さ約三メートルの壁が解放されたのは、一九八九年が終わろうとする頃だった。冷戦の終焉《しゆうえん》を告げるあのときの熱い国際政治のうねりと、壁によじ上ってハンマーでレンガを壊している大勢の市民の歓喜の表情は、今でも目に焼きついている。

ベルリンの壁は東西冷戦の象徴だった。当初は鉄条網が張りめぐらされた。一九六一年八月一三日未明のことだ。それが年末には、強固な壁になった。突然、多数の家族や恋人、友人たちが別れ別れとなり、悲劇が始まった。壁を乗り越えようとして射殺される人が相次いだ。一九八九年の壁の崩壊までにその犠牲者は七八名に及んでいる。

当然、壁の下にトンネルを掘って東から西へ逃れようとする人たちもいた。当時、五〇本ほどのトンネルが掘られたというが、ほとんどは発覚して失敗に終わり、成功したのは五本くらいといわれている。この作品は九ヶ月かけて最長の一四五メートルのトンネルを掘り、二九人を東から西に脱出させることに成功した実話に基づいている。

監督は壁が造られた一九六一年生まれで、小さいときからよく西ベルリンに行き、なぜ壁があるのか不思議だったという。つまり、壁がなかった頃のベルリンを知らない世代なのだ。壁がなくなった当初は嬉しさでいっぱいだったが、そのうち、現実的な問題が押し寄せてきて、冷静にならざるを得なかった。壁の存在を振り返り作品化するには、一〇年あまりの時間が必要だったのである。

極秘のトンネル計画

一九六一年八月二六日、水泳選手のハリー（ハイノー・フェルヒ）は変装し、偽造パスポートで西側に脱出する。しかし、最愛の妹ロッテ（アレクサンドラ・マリア・ララ）を東に残してきたことが気がかりでならない。ハリーは脱出救援組織のフレッドやマチスやヴィックらとともに、トンネルを掘る計画を進める。壁に隣接した西側の無人の工場を借り、その地下室から深さ七メートルで壁まで九二メートル、壁から東側の空き家の地下まで五二メートル、合計で一四五メートルを掘り進める一大計画だ。

劇場用プログラムの表紙

下水道を通って西側へ脱出を図ったマチスは、途中で妊娠中の妻カロラが当局に捕まってしまい、気がかりだ。エンジニアの彼が測量をし、計画を具体化していった。地下に電気も通され、本格的な作業が始まった。しかし、トンネル完成には半年から一年かかり、成功する確率は九〇パーセントだった。カフェでの密談を偶然聞いた若い女性フリッツィ（ニコレッテ・クレビッツ）が新たに加わる。彼女も東にいる恋人を脱出させたいのだ。

さまざまなハプニングや事件が起こる。コンクリートの壁に突き当たったり、地下の音が探知機で察知されそうになったり、スパイを強要されたカロラの密告でヴィックが捕まり、拷問を受けて人が変わったようになる。大量の漏水に襲われ、フレッドが水道局員に扮装して東側の水道局に修理させたり、スリルとサスペンスの連続だ。とくに東ドイツの国家保安省の大佐で不法出入国を取り締まっているクリューガーは、カロラやロッテやその夫のテオを執拗に監視、誘導、脅迫し、計画阻止に全力をあげる。

壁を貫く愛と自由

フリッツィの恋人ハイナーが壁を越えようとして、銃撃され、壁の東側で西側のフリッツィが必死で呼びかける声を聞きながら、息絶えていくシーンも衝撃的だ。決行のとき、トンネル近くの喫茶店に集まった二九人を果たして西側に逃がすことができるのか。クリューガーの追跡が迫り、フィクションのようなスリルがある。

映画化の前に前後編合計三時間のテレビ版が放映され、国民の一割に当たる七〇〇万人が見たといわれる。旧東ドイツ国民を含め、国民的関心を呼んだということだ。映画はそれを編集し直したものである。壁は政治的な産物だが、市民の自由と希望を遮断する絶対的な障壁だった。ハリーのモデルとなったハッソ・ヘルシェルは、トンネル建設の専門家として、その後、二八年間に一〇〇〇人もの希望者の西側への脱出を手伝ったという。

監督が留意した一つは、善悪で二分する方法を避けたことだ。東にもそれなりの仕事や生活があり、満足していた人がいたし、クリューガー大佐も信じる祖国に忠実だったのであって、悪人というわけではない。ものごとには多面性があるというのが監督の持論で、そのため、登場人物も多面的に掘り下げて描写している。そのリアリティは特筆されるし、そこから、フィクション以上の緊迫したドラマが生まれたといえる。

もちろん、細部にはフィクションがある。九〇パーセントが事実、一〇パーセントがフィクションと監督は言っている。生々しい現代史をバランスよくフィルターにかけ、エンターテインメント性を織り込みながら、愛と自由を高らかに謳い上げた傑作だ。

（二〇〇二年六月）

「東ベルリンから来た女」 東西ドイツの知られざる関係

クリスティアン・ペッツォルト監督　二〇一二年　ドイツ　一〇五分

東西ドイツが統合される一〇年前の物語である。ベルリンの壁については、その悲劇的側面がクローズアップされて記憶に残っているが、東ドイツ市民が合法的に西ドイツに移住する手段もあった。東ドイツ政府が体制維持に不要な人々をむしろ積極的に西ドイツへ送り出したからである。年金生活者がその代表で、西ドイツへの移住を認めることで、年金支給を西ドイツ政府に肩代わりさせることができた。さらに反体制の政治犯や危険分子の「売買」も行われた。西ドイツは自由な民主国家であることを内外にアピールする一方、東ドイツは多額の外貨を獲得し、体制の安定に役立てることができた。これは壁崩壊の一九八九年まで続き、売買された人は約三〇万人に上ったといわれる。

他方で、社会に必要ないし有用とみなされた人間は、容易に移住を許されることはなかった。映画の主人公、小児外科の女医バルバラ（ニーナ・ホス）は東ベルリンの大病院に勤務していたが、出国申請を出したために拘留され、一九八〇年夏、懲罰として東ドイツ北部、バルト海沿岸の小さな町の病院に左遷される。それだけでなく、日常的にシュタージ（国家保安省）のシュッツ（ライナー・ボック）の監視下に置かれたのである。

一瞬の油断もできない密告社会で、バルバラは誰にも心を許さず、淡々と仕事だけをこなしていた。支えとなったのは、西側に住む恋人のヨルク（マルク・ヴァシュケ）と密かに脱出計画を進めていたことである。自転車を走らせ、ヨルクが協力者に預けた脱出資金を受け取って道路そばの十字架の陰に隠し、官舎に帰ると、シュッツが待っている。数時間行方不明だっただけで、家宅捜査され、女性係官によって屈辱的な身体検査まで受けるのである。

秘かな脱出計画

上司のアンドレ（ロナルト・ツェアフェルト）は、バルバラに「孤立しない方がいい」と忠告するが、バルバラは逆に好人物そのもののアンドレが信じられず、「孤立させてもらうわ」と拒絶する。表面よりも裏側を考えてしまう恐怖と疑惑を生む社会構造が、監視社会の特質であるというのが、脚本も書いた監督のメッセージである。そのため、アンドレの魅力のすべてに裏の意味が生じてしまうので

『東ベルリンから来た女』好評発売中
DVD三八〇〇円＋税
発売元・アルバトロス株式会社

ある。

バルバラはしかし、医師としては誠実に業務に向き合う。南部の矯正作業所を脱走して捕えられ、送られてきた少女ステラは髄膜炎で苦しんでいたが、バルバラ以外の治療を拒むようになった。ステラが妊娠していることも判明し、矯正作業所が非人道的なところであることもわかる。ステラは順調に回復したが、矯正作業所へ帰ることも、この国にとどまることも強く忌避するようになる。しかし、ある日、ステラは人民警察の車で否応なく連れ戻されて行く。

その後、転落して頭部を負傷した自殺未遂の少年マリオが運ばれてくる。経過次第では開頭手術が必要と診断された。バルバラは夜勤の日、マリオのガールフレンドの話からマリオの記憶障害に気づく。こうした患者の治療を通して、次第にバルバラとアンドレの信頼関係も築かれていく。アンドレは医療ミスの責任を問われ、地方に飛ばされたことも知る。他方でバルバラが国外脱出を決行する時間が迫ってくる。

バルバラの決断

決行が土曜日に決まり、バルバラは綿密な準備をする。当日、夜の闇に紛れ、自転車で海岸に向かおうとしたときに、再び必死の思いで矯正作業所を脱走してきたステラがバルバラを頼って駆けつけてくる。バルバラはステラを自転車に乗せ、海岸に行き、デンマークへ渡る小舟を待つ。しかし、小舟には一人しか乗れなかった。

翌日、バルバラはいつものように病院にいた。ステラを脱出させ、自分は残ったのである。バルバラよりもステラの方が追い詰められていたことは確かである。バルバラはアンドレのように置かれた場所で医師としてベストを尽くす道を選んだのだろうか。アンドレが末期ガンのシュッツの妻をオフの日に往診しているのを知ったとき、「ゲスの手助け」と非難したが、アンドレは「病人なら助けるだけだ」と応じていた。

また、恋人のヨルクがバルバラの仕事に関心がなく、脱出後は、働かなくてもいいといっていたことがステラに脱出を譲った一因かも知れない。地方の小さな病院でも、医師の使命と誇りが求められるのは、東ベルリンの大病院と同じなのだ。何よりも信頼してくれる患者や同僚がいる。

映画は寡黙でそうした説明はない。バルバラの心境の変化も微妙な表情から読み取るしかない。映画全体がサスペンスに満ち、ハードボイルドタッチで、バルバラも意志の強い女性として彫り上げられている。そこでバルバラが求める自由と、国家の抑圧機構との対抗関係が浮上してくる。監督の両親が東ドイツからの脱出者だったことも、その視点に反映していると思われる。

（二〇一三年四月）

「善き人のためのソナタ」監視国家の悪夢と人間の良心

フロリアン・ヘンケル・フォン・ドナースマルク監督　二〇〇六年　ドイツ　一三八分

ドイツが東西に分断されたのが、一九四九年。冷戦が本格化し、一九六一年にベルリンの壁が構築された。その壁が崩壊した翌年の一九九〇年にドイツは統一された。四〇年続いた東ドイツ（ドイツ民主共和国）はどんな国家だったのか。

一般的には東ドイツはソ連に次ぐ社会主義陣営ナンバー2の優等生国家ともいわれたが、東西統一から一七年たって公開されたこの映画は、東ドイツが恐るべき監視国家だったことを教える。その中心にあったのが、国家保安省＝シュタージである。

シュタージとは

シュタージは一九五二年に設置されている。一種の秘密警察で、社会全体を監視下に置いていた。国家体制を守るために、過酷な尋問や監視、諜報が行われ、軽微な罪にも最大二年間の禁固刑が用意されていた。正規局員九万一〇〇〇人、この他に一七万人の非公式協力者がいたといわれる。

隣人や友人、家族さえも、互いに監視し、密告される非条理な社会だった。個人のプライバシーも思想・表現の自由もなかった。西側への逃亡の援助に関わった者は、最大八年間の禁固刑に処せられた。

　ドイツ統一後の政府は機敏に対応した。シュタージの実態調査委員会が設置され、膨大な資料が公開され、シュタージ関係者の多くは公職から追放された。シュタージの実態が次第に明らかになるにつれて、旧東ドイツ人はそのおぞましい現実を知り、未だにその過去を清算できないといわれている。

　一九八四年一一月の東ベルリン。壁が崩壊する五年前のことである。シュタージは進歩的な劇作家ドライマン（セバスチャン・コッホ）と女優で恋人のクリスタ（マルティナ・ゲデック）の監視を始める。反体制的であることの証拠をつかむためである。任務に当たったのは、ヴィースラー大尉（ウルリッヒ・ミューエ）で、彼は同じビルの屋根裏部屋に監視室を作り、深夜は部下と交代しながら、二四時間の盗聴・監視を行う。

　しかし、職務に忠実なヴィースラーが次第に変わっていくのである。

『善き人のためのソナタ』（廉価版）好評発売中
DVD二五〇〇円＋税
発売元・アルバトロス株式会社
提供：ニューセレクト、博報堂DYメディアパートナーズ

ドライマンのアパートには多くの芸術家、文化人が出入りする。芸術や文化、人生を語り合い、ドライマンとクリスタは愛し合う。ドライマンの留守中、アパートに忍び込んだヴィースラーは、ブレヒトの詩集を持ち出し、初めてそれを読む。

政府から活動を禁止されていた演出家のイェルスカが自殺したと聞き、ドライマンはピアノに向かい、彼から贈られた「善き人のためのソナタ」を弾く。この曲を聴いたヴィースラーの目から涙がこぼれる。イェルスカはこの楽譜を誕生祝いにドライマンに贈るとき、「この曲を本気で聴いた者は、悪人になれない」という言葉を添えていた。

国家、権力、組織がすべての価値だったヴィースラーの内面に、芸術、音楽、愛情、友情といった異質な価値が押し寄せてくる。監視に忠実だったことが、逆に彼の心の変化をもたらしたのである。彼は権力でクリスタに関係を迫るシュタージの大臣に、偽の報告書を提出するようになる。

映画による監視国家からの解放

報告書に不信感を持たれ、ヴィースラーはシュタージの郵便部に左遷される。蒸気で郵便物を開封して検閲する仕事である。そして、四年半後にベルリンの壁が崩壊し、統一された後は郵便配達員になる。他方のドライマンは、自分が完全監視されていたという予想外の事実に驚き、閲覧できるようになったファイルから自分に関する資料を調査する。

そして、ヴィースラーが最終的に自分を守ってくれたことを確認したドライマンは、ヴィースラーのコードネームへの献辞を添えた小説「善き人のためのソナタ」を出版する。

シュタージはナチスとも比較された。旧ナチスへの対応が批判されたのと対照的に、シュタージ問題に対する統一政府の対応は迅速だった。人類史上、空前の秘密組織シュタージの問題はすでに克服されたといわれ、封印され、触れることはタブーとされてきた。

東ドイツ人の多くはシュタージに監視されていた被害者だったが、東ドイツを独裁国家とは認めていない。しかし、シュタージの実態が明らかにされ、非公式協力者の膨大な数が暴露されるに及んで、その歪んだ国家社会構造に深い心の痛手を負うことになった。

最近、「東」と「郷愁」を組み合わせた「オスタルギー」現象が見られるが、タブーとされてきたシュタージの内幕を正確に描いた本作品は、近年のドイツで最も重要な映画と称賛されている。この映画によって、ようやく監視国家から解放されたともいわれる。

徹底的にリサーチし、旧シュタージ本部も使って撮影するなどのこだわりが随所に見られる。内省的な演技が高く評価されたヴィースラー役のウルリッヒ・ミューエ自身も、監視された過去を持つ東ドイツ出身の名優である（映画完成の翌二〇〇七年六月に五四歳で急逝）。

（二〇〇七年五月）

「ドレスデン、運命の日」芸術都市がなぜ爆撃されたのか

ローランド・ズゾ・リヒター監督　二〇〇六年　ドイツ　一五〇分

東部ドイツ有数の都市

ドレスデンは〝エルベのフィレンツェ〟と讃えられた文化と芸術の都だった。ドレスデンはもともとスラヴ人の集落に発し、ドレスデンという地名はスラヴ語で「森の人」を意味している。一三世紀にドイツ人の都市となり、マイセン辺境伯が居城を構え、その後変遷はあったが以来、ザクセン選帝侯の宮廷都市として栄えた。

一八世紀、名君アウグスト一世・二世の時代にドレスデンは東部ドイツ有数の都市に発展した。七年戦争とナポレオン戦争で町は破壊されたが、その都度復興し、水陸交通の要衝として繁栄した。ヨーロッパ音楽文化の中心地の一つでもあった。バッハ、モーツァルト、ベートーベン、ワーグナーが活躍した。壮麗なゼンパー・オーパーは新古典主義建築の代表作で、ワーグナーはそこの世界最古の交響楽団の楽団長を六年務めている。

ドレスデン美術館にはラファエロなどヨーロッパを代表する画家の作品が展示され、マイセンの陶磁器を展示する特別の部屋もあった。アウグスト一世が建立したバロック様式のツヴィンガー宮殿はドレスデンを代表する建築だった。このような文化と芸術の都、ドレスデンはドレスデン市民のみならず、ドイツ国民の誇りでもあった。

ドレスデンはなぜ爆撃されたのか

無防備都市宣言をしていたそのドレスデンが第二次大戦の末期になぜ廃墟になるほどの空爆を受けたのか。一九四五年初頭、連合国は、ソ連軍の進攻をサポートするために、ベルリン、ドレスデン、ライプチヒなどのドイツ東部都市を気象条件が整い次第、空爆する計画を立てていた。ドレスデンは前年一〇月と年明けの一月半ばにも空襲を受けていたが、市内への無差別爆撃はなかった。

しかし、二月一三日と一四日の空爆は言語を絶するものだった。英米軍爆撃機一三〇〇機以上が三波にわたって合計四〇〇〇トンもの爆弾・焼夷弾をドレスデン市街に投下したのである。爆弾で屋根を吹き飛ばし、木材がむき出しになったところに焼夷《しょうい》弾を投下して火災を発生させ、さらに消火活動を阻害する爆弾を落として、火災旋風を止まらなくした。

公開時のチラシ

数波に分けたのは、爆撃の後で市民が救出や片付けに外に出てきたところを狙うためだった。こうして多くの市民が犠牲になり、歴史的建造物が瓦礫《がれき》の山になった。無防備都市宣言をしていたため、空襲には無警戒で高射砲なども備えていなかった。犠牲者数も明らかではない。当時、市街と郊外には六四万余の住民がいたが、さらに二〇万以上の難民・戦傷者がいたからである。

英米軍の目的は、ドイツの戦意をくじき、後方攪乱《かくらん》と交通遮断で、ソ連軍を助けて戦争終結を早めることとされた。しかし、それが果たして必要不可欠だったかについては、イギリス国内からも批判が起こった。ドイツ諸都市への空爆はすでに戦争の結果とは無関係と観察されていたし、芸術文化都市ドレスデンの存在も知れ渡っていたからである。

この映画がつくられた意味

映画はこのドレスデンの悲劇を客観的に再現することに重きを置いている。こうした試みは戦後ドイツではタブーに近かった。第二次大戦後期にドイツではリューベック、ケルン、ハンブルク、フランクフルト、ミュンヘン、ベルリンなど多くの都市が大規模な空襲に遭っている。しかし、戦争を始めたのはドイツであり、ワルシャワ、ロッテルダム、ロンドン、ベオグラード、レニングラード（ペテルブルグ）など数多くの都市に甚大な被害を与えている。

冷戦下の東ドイツ時代、シンボルの聖母教会は戦争の悲劇を伝えるために廃墟のまま残されていた。ドイツ統一後に再建の気運が高まり、一九九四年に着工、一五万個の破片を活かし、二〇〇五年に完成した。再建費用は二五〇億円にも達したが、一部は空爆したイギリスからも寄せられた。落成の式典には当時のシュレーダー首相や英国女王、アメリカ政府関係者も出席し、教会再建は連合国とドイツの和解の象徴ともいわれた。

戦後六〇年にして、敵味方を超えて戦争の被害者を悼むムードが生まれ、ドイツ国内でドレスデンへの関心が高まり、監督は戦争による破壊と恐ろしさを事実に即して映画化することを考えた。戦争をドイツとイギリスの両方の視点で描く手法をとり、ドイツ人役はドイツ人、イギリス人役はイギリス人が演じている。

ストーリーはドレスデンの病院で働く看護師アンナ（フェリシタス・ヴォール）と不時着した英軍パイロットのロバート（ジョン・ライト）のロマンスを横糸にしているが、大規模なセットを使ったリアルな火災シーンはじめ、当時のニュースフィルム、最近の復興の映像なども挟んで、戦争がいかに無意味な破壊行為であるかを訴えている。

（二〇〇七年七月）

本書は、『地方財務』（ぎょうせい）に著者が連載してきた「映画の窓から」の一部を編んだものです。

村瀬広（むらせ　ひろし）
1944年山形県鶴岡市生まれ。
映画評論家。

映画《えいが》は戦争《せんそう》を凝視《ぎょうし》する

2016年11月15日　初　版

著　者　村　瀬　　広
発行者　田　所　　稔

郵便番号　151-0051　東京都渋谷区千駄ヶ谷4-25-6
発行所　株式会社　新日本出版社
電話　03（3423）8402（営業）
03（3423）9323（編集）
info@shinnihon-net.co.jp
www.shinnihon-net.co.jp
振替番号　00130-0-13681

印刷・製本　光陽メディア

落丁・乱丁がありましたらおとりかえいたします。

ISBN978-4-406-06067-7 C0074　Printed in Japan